메이지유신

현대 일본의 출발점

차례
contents

메이지유신의 두 측면

출발점으로서 메이지유신

　일본은 이중적인 풍경을 가진 사회다. 일본은 근대 문화를 일찍 받아들였고, 근대화와 산업화를 통해 빠르게 근대 사회가 되었다. 하지만 아직도 천황제와 전통문화는 현대 일본인들의 가치 체계를 규율하고 있다. 경제적 합리성과 문화적 비합리성이 공존하고 있는 것이다. 산업화 시대의 일본은 "철강과 전자 제품으로 넘치는 바다 한가운데 봉건 시대 아름다움의 상징인 연꽃과 국화의 섬이 점점이 떠 있는"[1] 사회였다. 탈산업화 사회에 들어와 철강과 전자 제품은 다른 첨단 제품으로 바뀌었지만, "연꽃과 국화의 섬이 점점이 떠 있는" 풍경은 여전하다. 도쿄 번화가의 하늘을 수놓은 마천루 사이에는 여전히 쇼비니즘적 구호들로 치장한 극우 단체의 차량이 질주하고 있다.

이러한 이중적인 풍경은 정치 영역에서도 발견할 수 있다. 일본은 자유민주주의를 영위하는 선진민주사회이지만, 민족 공동체를 중요하게 여기는 보수주의적 가치와 행동은 일본 정치와 시민 의식을 제약하고 있다. 국제사회에서 일본은 정부개발원조(ODA)와 평화유지군 활동, 지구 환경 문제 등에서 가장 큰 공헌을 하는 '국제국가'로서의 면모를 과시하고 있다. 하지만 야스쿠니신사 문제, 종군위안부 문제 등에 대해서는 아직도 '국민국가'의 성격을 강하게 보이고 있다. 국제국가를 지향하는 글로벌리즘과 국민국가로 다시 돌아가려는 내셔널리즘 사이에는 좁히기 힘든 간극이 가로놓여 있다.

이러한 풍경은 '발전'과 '보수'를 지향하는 일본 국가와 일본 사회의 성질과 관련이 있다. 일본의 발전 지향성은 경제 대국이 되는 원동력이었고, 보수주의는 일본 국가의 특수성을 조장해 왔다. 일본 사회가 민주주의를 발전시켜왔고, 자유주의와 진보주의도 보수주의와 일정한 긴장 관계를 유지해왔다. 하지만 발전주의와 보수주의가 일본 국가의 성격을 규정하는 주된 이념이었음은 부정하기 어렵다.

일본에서 발전주의와 보수주의의 출발점은 '메이지유신(明治維新)'에서 찾을 수 있다. 메이지유신은 전통과 근대, 아시아와 서구, 자유민주주의와 공동체 사이의 간극을 만들어낸 촉

매물이자 출발점이었다. 메이지유신은 도쿠가와(德川) 봉건체제를 무너뜨리고 근대화와 국민국가건설을 이끈 변혁 내지 혁명이었다. 메이지유신은 외부의 위협에 국가가 대응하는 과정에서 국가와 민족의 독립과 발전을 모색한 것이다. 이를 계기로 공간적으로는 국제화를 이룬 '세계 속의 일본'이 성립했고, 시간적으로는 문명개화와 국민국가를 만들어 '근세'에서 '근대'로 옮겨 갔다.

메이지유신을 이끈 지도자들과 관료들이 개혁을 주도하면서 발전 지향성과 보수성이 주류 이념으로 싹텄다. 메이지유신 지도자들은 위에서 언급한 간극들을 발전 지향과 보수주의로 메우려 했다. 메이지유신에서 생성된 발전 지향과 관료주의의 경험은 근대 일본뿐 아니라 현대 일본의 근대화와 산업화의 중요한 자산이 되었다.

표상으로서 메이지유신

'유신'은 개혁과 운동을 나타내는 역사상의 현실(실제)일 수도 있고, 개혁을 요구하는 구상(이념)일 수도 있다. 유신은 개혁의 본보기, 혹은 개혁을 꿈꾸는 행위와 심리의 원점을 상징한다. 메이지유신은 근대화와 발전의 출발점이었을 뿐 아니라 일본인들의 국가적 삶 또는 정신적 삶의 근거였다. 메이지유신은 외압과 정치 변동 속에서, 자주 독립을 보전하기 위해 부국강병과 문명개화를 이루기 위한 일련의 과정이었다. 개혁 과정에서 메이지유신 지도자들이 보여준 확고한 국가 전망과 개혁 정신, 그리고 정책 의지는 이후 개혁할 필요성을 느끼거나 국가의 진로를 생각할 때마다 개혁을 상상하게 만든 표상이었고, 개혁을 주창하는 자들의 유력한 정신적 준거였다. 메이지유신은 개혁과 결단을 내리는 행동, 그리고 역동성의 상징이었다.

1930년대 '쇼와유신(昭和維新)'은 청년 장교들이 자본가들과 결탁한 정치가들의 부패를 쇄신하려는 개혁 의지와 행동을 상징하는 말이었다. 1980년대 '발전 국가(developmental state)' 일본은 경제적 풍요를 누리면서 보수 정치가 일상화되었고, 일본인들은 개인화의 경향을 드러내고 있었다. 이때 막부 말기의 지사 사카모토 료마(坂本龍馬)의 개혁 의지와 국가 구상을 다룬 시바 료타료(司馬遼太郎)의 소설 『료마가 간다』와 그의 메이지 국가론은 메이지유신의 정신과 지도자들의 개혁 정신, 메이지 국가의 역동성을 떠올리게 해서 큰 호응을 얻었다. 오마에 겐이치(大前研一)가 쇼와 시대의 유산을 극복하고 일본 사회에 새로운 동력을 불어넣고자 '헤이세이유신(平成維新)'이란 말을 만들어냈을 때, 메이지유신의 상징은 여전히 작동하고 있었다.

메이지유신을 어떻게 볼 것인가

메이지유신을 보는 시각들

메이지유신은 1850년대부터 1880년대에 걸쳐 일본이 막번 (幕藩) 체제에서 근대 천황제로 전환하게 된 큰 변혁을 말한다. 메이지유신은 당시 동아시아에 세계 자본주의가 압력을 넣고, 도쿠가와 막번 체제의 취약성이 드러나면서 일어난 변혁이다. 또한 메이지유신은 250여 년간 지속된 도쿠가와 막부(幕府)의 지배 체제를 무너뜨리고 근대 천황제가 창출한, 아울러 일본 자본주의를 만든 정치·경제·사회·문화 변혁의 총칭이다.

메이지유신은 좁게는 막부를 무너뜨리고 왕정복고를 하여

메이지 신정부를 수립한 것을 말하지만, 넓게는 도쿠가와 말기 정치 변동에서 메이지 천황제 국가가 성립할 때까지의 개혁 과정을 말한다. 메이지유신은 일차적으로는 국제적 압력(외압)과 막번 체제를 안에서부터 무너뜨린 정치·사회적 동력(내압)의 상호 작용이었으며, 이차적으로는 서구 근대국가 체제를 받아들이면서 이에 적합한 국민국가를 창출하고 국민을 통합하기 위한 근대적 사상 체계와 제도를 만드는 과정이었다.

메이지유신은 현대 일본의 출발점으로 역사에서 어떤 의미가 있으며, 역사의 맥락 속에서 어떻게 이해해야 할까? 메이지유신은 현대 일본의 상황과 현재 관찰하는 사람의 관심에 따라 새롭게 해석할 수 있고, 다양한 관점에서 파악할 수 있다.

우선 메이지유신은 패전 이후 1970년대까지 일본 사학계를 지배한 마르크시즘이나 인민사관(민중사관)이 보여주었듯이 사회경제사의 관점으로 이해할 수 있다. 이 경우 도쿠가와 막번 체제와 신분제의 봉건성이 강조되고, 메이지유신은 계급투쟁과 계급해방의 혁명으로 파악된다. 계급론적 유신관은 도쿠가와 체제의 사회경제적 모순을 드러내고, 역동적인 유신의 변혁 과정을 드러낼 수 있다. 또한 메이지유신의 결과 생성된 천황제 국가가 제국주의로 변화하는 과정을 비판적으로 조망할 수 있다. 다만 계급론적 관점은 도쿠가와 말기의 사회경제적 문제를 지나치게 강조하거나, 민중의 정치 행동과 저항을 유신의 동력으로 과도하게 부각함으로써 메이지유신의 다양성과 복잡성을 간과하는 한계를 보인다.

한편, 메이지유신이 일본의 근대국가 형성에 미친 긍정적인 영향에 주목할 수도 있다. 메이지유신이 근대국가의 형성과 근대화를 지향한 개혁이라면, 정치 주체들의 통일국가를 만들려는 의지와 근대화 개혁, 문명개화 등을 주목하지 않을 수 없다. 구미의 일본사 연구자들이나 1980년대 이래 일본 사학자들의 경우처럼 세계사 속에서 메이지유신의 보편성과 특수성을 밝히고, 메이지유신의 근대적 성격이나 근대국가 형성에 미친 영향 등을 따질 수도 있다. 이와 더불어 메이지유신이 근대화와 근대국가 형성을 추구한 결과 만들어진 내셔널리즘의 성격도 알 수 있을 것이다. 일본의 사회과학자들은 계급론적 관점이 풍미했을 때에도 과학적으로 내셔널리즘을 분석하려고 하는, 메이지유신에 대한 차별화된 시선을 보여주었다.

그런데 메이지유신을 일본 역사의 관점으로만 살펴보는 것에는 한계가 있다. 메이지유신이 추구한 일본의 독립과 내셔널리즘은 국제 문제와 상관이 있기 때문이다. 메이지유신은 국제적 외압과 국내 정치가 서로 역동적으로 작용한 결과 일어났다. 메이지유신의 변혁 과정은 서양 열강들과 긴장 관계를 전제로 이루어졌을 뿐 아니라, 동북아 국제 관계를 새롭게 규정하는 일본의 동북아 정책을 만들어가는 과정이었다. 메이지유신은 결과적으로는 청일전쟁과 러일전쟁을 유발했고, 그 결과 일본은 제국주의 국가가 되었다. 따라서 메이지유신의 국제적 계기에 주목해야 할 것이다.

메이지유신은 혁명과 개혁의 세계적 보편성 속에서 살펴볼 필요가 있다. 아울러 동아시아의 관점으로 메이지유신을 살펴보는 것도 의미가 있을 것이다. 동아시아 지역의 관점으로 메이지유신을 보면, 근대화와 근대국가 형성의 본보기, 즉 발전의 본보기로서 어떠했는지, 그리고 메이지유신이 혁명과 개혁으로서 초래한 공로와 과실을 복합적으로 이해할 수 있는 시야를 제공해줄 것이다.

이 책의 관점과 과제

메이지유신은 정치·법률·경제·사회·문화 등 모든 영역에서 봉건 체제와 제도를 근대적인 것으로 바꾸는 개혁이었고 일본 사회를 총체적으로 변화시킨 운동이었다. 메이지유신이 일어난 과정에는 다양한 요소와 원인들이 연루되었다. 메이지유신은 필연적 현상일 수도 있지만, 우연한 과정이 잇달아 일어나서 생긴 현상일 수도 있다.

이 책에서는 단지 메이지유신이 일어나게 된 원인과 과정을 서술하는 데 머무르지 않을 것이다. 우선 메이지유신을 추동한 외압과 내압, 보수와 개혁, 이념과 권력 등과 같은 요소들이 막부 말기 메이지유신 과정에서 어떻게 작동했는지를 살펴볼 것이다. 또한 메이지유신이 혁명이나 개혁으로서 어떤 성격을 지녔는지 알아볼 것이다. 그리고 국제 관계론과 정치사상사의 관점에서 메이지유신이 일본의 정치체제와 내셔널리즘에서 어떤 의미가 있는지를 파악해볼 것이다.

메이지유신은 대외적으로는 외압에 대응해서 국민국가를 만드는 과정이었고, 대내적으로는 독립과 발전을 위해 문명개화와 부국강병을 모색하는 변혁 과정이었다. 이 책에서는 안과 밖의 공간적 상관성, 도쿠가와 시대와 메이지 시대의 시간적 연속성, 시공간을 연결해주는 국가의 속성, 그리고 현상과 이념의 복합적 이해라는 네 가지 측면에 유의하면서 메이지유신의 실체에 접근하고자 한다.

첫째, 메이지유신은 외압과 대응의 컨텍스트에서 일어났고, 국제법 체제와 근대 문명을 받아들임으로써 문명개화(근대화)와 근대국가를 실현하려는 운동이었음에 주목했다. 이는 메이지유신을 이해할 때 안과 밖의 연관성에 유의해야 하기 때문이다. 메이지유신의 근대화와 내셔널리즘은 서양 열강의 위협에 대응하는 생존 의지의 표현이었다. 국제적 위협에 대응해 전개된 근대와 내셔널리즘은 거꾸로 근대화된 일본이 동북아 국제 질서를 위협하게 만들었다.

둘째, 흔히 메이지유신의 개혁성이나 혁명성을 부각하기 위해 전통과 단절을 강조하거나 도쿠가와 시대의 봉건성과 막부 정권의 취약성을 과장하는 경향이 있다. 혁명론이 저지르기 쉬운 오류이다. 하지만 도쿠가와 체제는 상당한 능력을 갖추고 있었고, 이러한 도쿠가와 체제가 없었다면 메이지유신은 성공하기 어려웠다. 따라서 도쿠가와 막번 체제의 변동을 적극 이해하고 막부 말기 정치 변동과 메이지유신을 연속해서 파악할 필요가 있다.

셋째, 메이지유신이 어떤 국가와 사회를 만들었는지 주목할 것이다. 메이지유신의 목표는 중앙집권화로 통일된 국민국가를 만드는 것이었다. 메이지유신은 근대국가 형성 과정에서 계몽운동과 자유민권운동을 통해 사회(혹은 인민) 대 국가의 새로운 양상을 만들어내는 한편, 국가 우월적인 천황제 국가를 만들어 나갔다. 국가의 성격은 메이지 정부의 정치 지도자와 관료들의 국가 구상과 정치 행태에 크게 영향을 받았다.

넷째, 정치 현상은 정치의 실제와 이념의 상호 연관 속에서 전개된다. 막부 말기 정치 변동과 메이지유신도 이러한 관점에서 파악할 필요가 있다. 역사의 사실과 지식인들의 사상이 결부되고 교착하는 모습에 유의할 것이다.

막부 말기와 메이지유신기의 변동 과정은 '외적인 개국'과 '내적인 개국'으로 구분할 수 있다.2) '외적인 개국'은 페리 내항(1853)부터 왕정복고(1867) 때까지 시기에 해당하고, '내적인 개국'은 왕정복고 이후 '대일본제국헌법' 성립(1889) 때까지 이루어졌다. 메이지유신은 외적인 개국을 내적인 개국으로 전환하는 변혁이었다. 외적인 개국은 미국의 동인도 함대 사령관인 페리 제독이 일본에 온 것을 전후로 대외 문제가 심각해지고, 일본이 조약 체제에 편입되는 가운데 막번 체제 내부에 균열이 생기고, 막부 지지파(佐幕派)와 막부 반대파(討幕派)가 대립하면서 도쿠가와 정권이 무너지는 과정이었다. 내적인 개국은 왕정복고 이후 문명개화와 부국강병을 통해 입헌 체제와 천황제 국가를 만들어 가는 근대국가 형성 과정이었다.

도쿠가와 평화와 막번 체제

동아시아 국제 체제와 도쿠가와 막번 체제

도쿠가와 일본(1603~1867)은 유연성을 가진 쇄국 체제였는데, '내적 쇄국'과 '외적 쇄국'으로 구분할 수 있다. 막부 말기에 외국 배가 일본에 접근하는 것을 금지한 쇄국 정책을 '외적 쇄국'이라 본다면, 그 이전 도쿠가와 일본 자체의 체제적 조건에 의해 성립된 '도쿠가와 평화(Pax Tokugawa)' 체제를 '내적 쇄국'이라 부를 수 있다.

'도쿠가와 평화'와 '내적 쇄국'은 중화 체제(국제)와 막번 체제(국내) 때문에 가능했다. 당시 동아시아 세계는 문자와 지식 체계를 공유하고 교역 통신망을 갖춘 완결성 높은 문명권이었다. 중화 체제는 이러한 문명권을 토대로 '중화(중국)'와 주변 국가들로 구성된 국제 체제였다. 중화 체제에서는 '화이(華夷)' 관념이 민족과 국가 간의 위계질서를 규율했다. 중심(華)과 주변(夷)의 구분은 천자의 '덕화(德化)' 여부에 달렸다. 조선, 유구(琉球), 베트남은 중화 문명을 받아들였고, 중국에 조공을 바치고 책봉을 받는 관계를 유지했다.

도쿠가와 일본은 제도·학문·사유 체계는 중화 문명의 영향을 받았지만 정치적으로는 중화 체제 바깥에 있었다. 일본은 중세 후기의 아시카가(足利) 쇼군 때 중국에 조공을 바치고자 했고, 도쿠가와 이에야스(德川家康)도 명나라를 '중화'라 부르면서 관계 회복을 시도한 적이 있었다. 하지만 중국과 공식적인 외교 관계도, 조공을 하거나 책봉을 받은 일도 없었다.

그렇다고 도쿠가와 일본이 중화 체제와 완전히 관계를 끊고 지낸 것은 아니다. 중국과 조공 책봉 관계에 있는 조선, 유구와 통신(通信, 외교) 관계를 맺었고, 중국과는 통상 관계를 유지함으로써 간접으로 중화 체제에 연루되어 있었다. 일본은 쓰시마(對馬) 번을 매개로 조선과는 대등한 교린 관계를, 그리고 사쓰마(薩摩) 번을 통해 유구와는 조공 관계를 가졌다. 유구는 중국과 일본 모두에 조공을 바쳤다. 이처럼 도쿠가와 막부는 중화 체제에 일정한 거리를 두었다. 그 밖에 다른 나라들과의 교섭은 막부 직할지인 나가사키(長崎)에서 통제했다. 쇄국은 중화 체제 둘레에서 주체적으로 대외 관계를 운용할 수 있게 했다.

'도쿠가와 평화'를 규정한 또 다른 축은 막번 체제였다. 막번 체제는 '공의(公儀, 막부)'가 300개에 가까운 번을 통제하고, 각 번은 영주(번주)가 할당된 영지를 일정한 자율성을 갖고 통치하는 봉건 체제였다. 천황은 궁 안에 거주하는 상징적 존재였을 뿐 정치권력은 없었다. 막부가 사실상 중앙 정부 역할을 했다. 막번 체제는 궁극적으로 도쿠가와 공의의 위광(御威光), 즉 막부의 군사력에 기반한 '무위(武威)'에 의해 유지되었다. 다만 평화가 오래 지속되고 무사들이 관료화되면서 '위광'도 관습적인 의례로 변질되었다.

  막부는 해외 교역권과 화폐 주조권을 독점했고, 전국 주요 도시와 광산을 직접 관할했으며, 영주가 '공의'의 권위를 거스를 경우 이들이 소속한 번을 교체하거나 봉록을 삭감할 수 있었다. 또 영주의 충성을 담보하는 장치로 영주 가족을 인질로 삼아 에도에 살도록 한 참근교대(參勤交代)도 있었다. 하지만 막부의 통제력이 완벽했던 것은 아니다. 도쿠가와 이에야스에 굴복한 사쓰마, 조슈(長州), 도사(土佐), 히젠(肥前) 등 이른바 도자마(外樣) 번들은 막부의 견제 세력으로 자율성이 높았다. 훗날 막부 말기에 정치 변동을 주도한 세력들이기도 했다.

  도쿠가와 사회의 조직 원리는 정치경제적 할거와 사농공상의 신분제였다. 번은 주어진 봉토에서 독자적으로 정치와 경제를 운용하는 준(準) 주권체다. 번의 구성원들은 허가 없이 번의 경계를 벗어날 수 없었고, 다른 번과 교역할 수도 없었다. 번주의 독립성과 권력은 막번 체제의 할거성을 초래했다.

신분제는 사농공상의 직분을 규정했고 막번 체제를 지탱하는 사회적 장치였다. 신분제는 막번 체제를 안정적으로 유지하는 데 기여했고, 주자학의 질서관으로 합리화되었다.

도쿠가와 사회의 지배층은 무사였다. 무사들이 첫째로 충성하는 대상은 쇼군이 아니라 자신의 주군(主君, 영주)이었다. 무사들은 봉록을 받고 생활했기 때문에 생산 활동에 종사할 수 없는 소비의 주체였다. 무사들은 도쿠가와 후기에 들어서면서 인구와 농업 생산력의 증가로 소비경제가 발달하면서 경제적 어려움을 겪었다. 하지만 무사들은 막번 체제와 신분제 아래에서 경제적 어려움을 감내할 수 있는 무사 정신을 보전했다.

해금 체제와 일본형 화이 체제

막번 체제와 신분제가 정착하자 일본 사회는 안정되었고 '도쿠가와 평화'가 찾아왔다. 중화 체제의 둘레에 자리 잡은 섬나라라는 지정학적 위치도 평화를 보장하는 조건이었다. 이 때문에 막부의 쇄국령(1636)도 가능했다. 쇄국령은 막번 체제를 유지하기 위해 천주교와 일반인의 대외 무역, 그리고 큰 배를 건조하거나 해외로 나가는 것을 금지한 것이다. 쇄국은 당시 용어로는 '해금(海禁)'이었는데, '도쿠가와 평화'는 해금 체제의 안정을 의미했다. 해금은 일본인이 배를 타고 나라 밖으로 나가는 것을 금지한 것이었지 외국 선박이 일본에 접근하는 것 자체를 금지한 것은 아니었다. 해금은 외부 세계와 완전히 단절하거나 봉쇄하는 것은 아니었다.

실제로 막부의 통제 속에서 제한적이거나 선택적인 개방과 수용이 이루어졌다. 나가사키는 선택적인 개방과 수용을 위한 대외 창구 역할을 했다. 나가사키의 데지마(出島)에 거주하는 중국과 네덜란드의 상인들을 통해 해외 통상이 이루어졌다. 일본 연안에 접근하는 여타 외국 배나 떠돌아다니는 외국인, 그리고 표류하다가 외국 배를 타고 귀국한 일본인들도 나가사키를 거쳐야만 했다. 대외 교섭은 막부 관리(長崎奉行)가 담당했다.3)

한편, 나가사키는 해외 정보를 수집하는 통로이기도 했다. 네덜란드 상관장(商館長)은 유럽의 정보를 담은 네덜란드 풍설서(和蘭風說書)를 정기적으로 막부에 제출했고, 그 대신 쇼군을 알현할 수 있었다.

막부는 막번 체제를 위협할 수 있는 정보원과 정보를 효율적으로 통제했다. 네덜란드 상인은 막부의 허가 없이 일본 국내를 여행할 수 없었다. 해금 체제와 막번 체제가 잘 운영되고 있었음을 보여주는 사례다. 주체적인 해금은 '이국선 추방령'(1826)을 공포해 잠시 쇄국 정책을 강화할 때까지 존속했다. 막부의 통제력과 선택적 수용은 외압과 정치 변동이 일어나면서 기능이 약해졌다.

한편, 일본인들은 고대 이래로 자국 중심의 대국-소국 관념을 가지고 있었다. 도쿠가와 일본은 중화 체제의 바깥에 있으면서도 중화 체제의 원리를 받아들여 일본과 주변의 에조(蝦

夷)지 등을 '화(華)'와 '이(夷)'의 관계로 설정하는 '일본형 화이체제'를 구축했다.4) 해금은 먼 거리로 도항할 여지를 없애는 것이었지 지역 질서를 배제하는 것은 아니었다.

도쿠가와 사상

도쿠가와 체제 아래에서는 체제를 정당화하는, 또한 이상 조짐이 있을 때 개혁을 요구하는 정치적 사유들이 생겨났다. 도쿠가와 초기와 중기의 주된 지식 체계는 유학(주자학), 신도(神道), 국학이었다. 도쿠가와 일본의 사상은 대략 다음과 같았다.

도쿠가와 초기에는 막번 체제의 안정과 신분제 정착을 위한 질서 원리로 주자학을 받아들였다. 후지와라 세이카(藤原惺窩)와 하야시 라잔(林羅山)은 주자학을 받아들여 인간 세계와 정치 세계를 규율하는 오륜의 질서 원리를 통해 도쿠가와의 사회질서를 구축하고자 했다.

도쿠가와 중기에 들어 막번 체제가 안정되면서 유학자 이토 진사이(伊藤仁齋)처럼 유학의 내적(철학적) 원리를 추구하는 양상도 나타났다. 또한 유학자 오규 소라이(荻生徂徠)는 막번 체제의 사회경제 모순들을 개혁하고자 했다. 소라이는 인간의 행위를 규율하는 규범인 '예'를 성인의 '작위'로 간주했고, 주자학 이념으로 일본 사회를 규정하려는 것을 비판했다.

한편, 서민들은 중세 이래 천축(인도)과 중국을 세계의 중심에 놓고 일본을 '한구석에 흩어져 있는 좁쌀과 같은 작은 나라

(粟散邊土)'로 보는 불교적 세계관을 가지고 있었다. 반면 도쿠가와 무사와 지식인들은 일본 자체를 하나의 완결된 세계로 보는 '천하' 관념이 강했다. '천하'는 도쿠가와 이전의 전국(戰國) 무사들에게는 인간 세계를 초월한 객관적 법칙인 '천도'가 운용하는 세계이자 투쟁해서 쟁취해야 할 명분의 세계였다. 하지만 도쿠가와 시대에는 '천도'의 초월적 관념에 덧붙여 '공의(쇼군)'의 정치적 권위가 질서를 세운 세계였다. '해국' '해금'이라는 지정학적 조건도 '천하'의 공간적 범주를 구체화했다. 또한 천하 관념은 화이 관념이 더해지면서 이데올로기의 성격을 띠었다.

중국 문명에 대한 정체성도 도쿠가와 사상을 규정하는 요소였다. 화이론적 세계관을 가진 도쿠가와 지식인들은 중국을 강하게 의식했다. 일본은 정치에서는 중국에 대해 독립적이었지만, 문화에서는 지식인들의 애증이 엇갈렸다. 유학자들은 '중화' 중국에 대해 열등감을 가졌고, 중화 문명을 닮기 위해 노력하면서 열등감을 해소하려 했다(동일화 정체성). 후지와라 세이카는 주자학의 규범을 내면화하기 위해 중국의 유자처럼 옷을 입고 다닐 정도였다. 중국은 '잊지 못할 타자'였고, '잊지 못할 타자'는 메이지유신을 계기로 서양으로 대체되었다.

반면, 신도학자와 국학자들은 일본 문화의 우월성을 내세워 열등감을 극복하려 했다. 야마가 소코(山鹿素行)는 혁명이 일어나지 않은 '신국' 일본이 왕조 교체가 잦은 중국보다 '충'의 덕목이 뛰어나다는 근거를 들어 일본을 '중조(中朝, 중국)'로 설정했다. 국학자들은 유학을 철저하게 비판한 것을 토대로 일본 문화의 우월성과 황국중심주의를 주장했다. 천황은 '신국'의 문화를 지탱하는 궁극적 가치로 여겨졌다. 모토오리 노리나가(本居宣長)는 고대 일본인들의 자연적 심성을 찾아내 일본 문화의 우월성을 드러내는 한편, 일본인들에게 침투된 유학적 심성, 즉 '가라코코로(漢意)'를 없애고자 했다(차별화 정체성).[5] 이것은 맹아적 민족주의(proto-nationalism)를 표현하고 있다.

도쿠가와 정치사상의 주체는 무사와 학자였다. 따라서 도쿠가와 사상은 지배층인 무사의 윤리와 정신이 기준이 되었다. 무사들은 생존을 위한 전략적 선택이 더 중요했기 때문에 특정 학문의 원리에 집착하지는 않았다. 무사들은 도쿠가와 평화가 지속되면서 관료로 변했지만,[6] 무사로서 전투를 기억하고 있었고 비상사태에서 살아남을 수 있는 전투 정신이 있었다. 그들은 '시세(時勢)'에 민감했고 불가항력적인 힘의 근원을 상정하는 '천도' 관념이 강했다. 막부 말기에 평화를 깨는 개국과 메이지유신이라는 '시세'를 만났을 때 잠복해 있던 무사의 파토스와 에토스는 '천도'를 내걸고 의식 밖으로 분출했다.

유학은 사회질서를 유지하는 유용한 생활 규범이었을 뿐 정치적 교의(doctrine)는 아니었다. 유학자들도 무사들처럼 현실과 시세에 민감한 감각이 있었고 실용주의적이며 현실적이었다. 신도와 같은 이질적인 학문을 절충하거나 다른 학문으로 전향하는 경우도 많았다. 독단적이며 교조적인 원리에 집착한 것은 신도와 국학 계통의 학자들이었다.

일본의 개국과 정치 변동

대외 문제 발생과 쇄국 체제

외압의 출현과 쇄국 정책: 외적인 쇄국

도쿠가와 체제는 비교적 잘 작동했고, 또 안정적이었다. 그러나 도쿠가와 후기에 들어 대외 문제가 생기면서 막번 체제는 흔들렸다. 대외 문제는 도쿠가와 체제 후기의 양상을 일으킨 주된 요소였다.

18세기 말에서 19세기 초 유럽 열강은 동북아에 관심을 보이기 시작했다. 18세기 말 영국과 프랑스의 패권 경쟁이 동북아로 확대되었고, 포경선들이 북태평양에 진출하기 시작했다. 특히 영국은 네덜란드로부터 말라카 해협의 패권을 빼앗아 아시아 교역의 대동맥을 장악했고, 중국과 인도를 잇는 삼각 무역을 성사시켰다. 19세기 초에는 일본과 교역을 시도했다.

북방의 러시아도 내려왔다. 1778년 러시아 상인이 정부의 위임을 받아 에조지를 방문해 교역 가능성을 알아보았고, 1792년에는 황제가 보낸 사절 락스만(Luxman)이 찾아왔다. 1804년에는 레자노프(Lezanov)가 일본과 통교를 시도하다 실패했고, 2년 뒤 그의 부하들이 에토로후(択捉)와 가라후토(樺太)를 습격하기도 했다. 1811년에 막부가 측량하기 위해 구나시리(國後)에 온 고로부닌(Gorovnin) 선장을 생포하자 러시아도 일본인을 생포하면서 두 나라 사이의 긴장은 더욱 고조되었다. 막부는 동북 지방의 다이묘를 동원해 에조지의 수비를 강화하고 에도 만의 해방(海防)도 꾀했지만 분쟁이 확대되지는 않았다. 러시아가 나폴레옹의 침공에 대처하느라 일본에 접근하는 것을 자제했기 때문이다. 일본도 전쟁을 원하지 않았다.[7]

아편 무역을 둘러싸고 중국과 영국 사이에 벌어진 아편전쟁(1840~1842)은 동북아 국제 환경을 급격하게 변동시킨 사건이었다. 패배한 중국은 개항장 확대, 홍콩 할양, 배상금 지불, 그리고 영사재판권과 협정 관세, 최혜국 대우 등을 허용해야만 했다. 영국은 중국 남부에 군사 거점을, 중남부 연해부에는 상해와 같은 경제 거점을 확보했고, 늘어난 상선을 보호하기 위해 해군 함대의 규모도 늘렸다.

일본의 관료와 지식인들에게 아편전쟁은 큰 충격이었다. 그들은 전쟁이 끝나면 영국이 일본을 침략할 것이라는 정보에 큰 위기감을 느꼈다. 실제로 서양 선박들이 일본에 자주 출몰했다. 1845년 나가사키 항에 영국 측량선이 들어왔고, 1849년에는 에도 만에도 들어왔다. 중국 주재 영국공사 존 데이비스는 군사력을 지원받지 못해 포기하고 말았지만, 1845년 일본과 조약을 체결할 계획을 세우기도 했다. 1846년에는 프랑스 군함과 미국 군함이 각각 유구와 우라가(浦賀)에 나타났다.[8]

서양 열강이 더욱 자주 일본에 접근하자 위기의식을 강하게 느낀 막부들은 대응책을 강구하기 시작했다. 막부의 대응은 쇄국 정책과 해방(海防) 정책과 피전(避戰) 정책이었다. 막부 최고 책임자인 마쓰다이라 사다노부(松平定信)는 열강의 통상 요구를 거절하고 나가사키 무역을 더욱 제한해 네덜란드 상선 말고는 다른 나라 배가 내항하는 것 자체를 금지하는 등 쇄국책을 단행했다. 조선통신사를 응접하는 곳을 쓰시마로 옮기기도 했다. 결연한 쇄국 의지는 이국선 추방령(1825)으로 나타났다. 이어 최고 책임자인 미즈노 다다쿠니(水野忠邦)를 중심으로 에조지와 에도 주변 만의 해안 방비를 강화하는 해방책이 강구되었다.[9]

아편전쟁 때문에 쇄국 정책이 변화했다. 피전책의 하나로 이국선 추방령이 없어졌고, 에도 만을 방어하고 증기 군함을 구입하는 해방책을 모색했다. 하지만 증세책이 실패하면서 쇄국 완화책은 지지부진해지고 말았다. 오히려 후임 로주(老中) 아베 마사히로(阿部正弘)는 쇄국 정책을 강화했다는 인상을 줌으로써 서양 국가의 접근 의지를 꺾고자 했다. 그는 1844년 네덜란드 국왕이 서양 열강이 일본을 침략하지 못하도록 서양 국가들과 통상하라고 권고했지만 이를 거절했다. 1846년 프랑스와 미국 군함이 나타났을 때는 이국선 추방령을 부활할 것을 제안했다. 하지만 막부 관료들과 에도 만 해방을 맡은 다이묘들은 반대했다.

외압의 출현과 막부의 쇄국 정책은 적대적 응접 공간의 출현을 뜻한다. '해금 체제'는 '쇄국 체제'로 바뀌었다. 해금 체제에서는 천주교 국가의 배가 입항하는 것을 금지했을 뿐 이국선이 들어오는 것을 막지는 않았다. 그러나 이제는 모든 이국선이 입항하는 것을 거부했다. 그렇다고 외압에 대항할 의지가 강했던 것은 아니다. 쇄국 정책과 해방책의 실제 목표는 전쟁을 피하기 위해서였다. 엄격한 쇄국 방침을 천명하면서도 막부는 에조지 교역을 허용해 러시아와의 전쟁을 피하고자 했다. 이국선 추방령도 전쟁을 피하기 위해서였다. 또한 국지적 분쟁이 국가 간의 전쟁으로 발전하지는 않을 것이라는 낙관적인 생각도 있었다.

쇄국 체제의 사유들: 쇄국론, 양이론, 개국론

쇄국론과 쇄국 의식

쇄국 체제는 서양 열강의 군사적 위협과 막부의 군사적 대응 위에서 성립되었다. 쇄국 체제에서는 생존을 위한 체제 이데올로기가 제시되었다. 쇄국 체제의 출현은 개국에 대한 상상을 전제로 이루어졌다. 자기 세계가 닫혀 있음을 아는 것은 세계 속의 자기를 상정할 수 있음을 뜻한다. '쇄국'과 '개국', '쇄국 의식'과 '개국 의식'의 출현은 서로 맞물려 있다.

'쇄국'이란 말은 이러한 컨텍스트에서 생겨났다. 쇄국이란 용어는 1802년 네덜란드어 통역사인 난학자 시즈키 다다오(志筑忠雄)가 처음 사용했다. 시즈키는 캠페르(Engelbert Kaempfer)의 『일본지(日本誌)』 중에서 일본 예찬론을 뽑아 『쇄국론』이라 번역했다. 캠페르는 일본의 '쇄국'을 천혜의 자연 조건에서 나온 정당한 것이라고 옹호했다. 시즈키의 번역은 세계적 시야나 타자와의 관계 속에서 자신의 나라를 생각해야 하는 상황이 되었음을 보여준다. 『쇄국론』은 필사본으로 유통되었고, 쇄국 예찬과 신국 예찬의 심리를 퍼뜨렸다. 훗날 유학자 요코이 쇼난(横井小楠)은 캠페르의 쇄국 예찬론에 동조하면서 지리적 고립과 물질적 풍요라는 천혜의 자연 조건을 들어 쇄국 체제를 정당화했다. 국학자 히라타 아쓰타네(平田篤胤)와 구로사와 오키나마로(黑澤翁滿)는 이 책을 국수주의 관점으로 해석해 신국 예찬서로 간주했다.[10]

서양의 위협에 대한 의식은 강해졌고, 서양이 동양을 지배하는 속성도 인식하고 있었다. 후지타 유코쿠(藤田幽谷)는 서양의 위협이 몽고의 일본 원정 때보다 '백배나' 되는 위협이며, 한 번이 아니라 지속적인 것이며, 산업자본주의의 필연적 소산이라 보았다. 그는 외압에 대해 지속적으로 대응할 것을 주문했다. 여기서 거대한 군사적 위협을 만들어낸 서양의 해운

력과 국민적 일체감에 주목하고, 개별 번(藩) 차원이 아닌 황국(皇國) 전체 차원에서 대응을 모색하는 해방론(海防論)이 등장했다. 쇄국 체제의 컨텍스트에서 서양의 위협에 대한 자각은 강렬한 양이론(攘夷論, 서양과의 통상과 수교를 거부하자는 주장)과 해방론, 그리고 맹아적 개국론을 불러일으켰다.

양이론과 해방론

양이론과 해방론의 전형은 미토(水戸) 번의 유학자 아이자와 야스시(會澤安)가 이국선 추방령 직후에 쓴 『신론新論』(1825)이라는 책이었다. 이 책은 "신주는 태양이 뜨는 곳, 원기(元氣)가 시작되는 곳으로서 천일(天日)을 이어받아 대대로 신극(宸極)을 정해 영원히 바뀌지 않았다. 본디 대지의 원수(元首)이며 만국의 강기(綱紀)다. 진실로 세계에 조림(照臨)하고 황화(皇化)가 미치는 곳은 멀고 가까움이 없다"라는 말로 시작된다. '국체' 이념과 자국중심주의가 강하게 드러나 있다. 외압이 정치화된 공간에서 유학과 존왕론은 강력하게 결합했다. 후기 미토학은 신도와 유학을 결합한 대의명분론, 화이론적 우월의식, 신도적 일본중심주의를 드러냈다. 주자학적 대의명분론과 신도적 황국중심주의의 결합은 강렬한 이적(夷狄) 관념과 천주교 비판을 수반했다. 『신론』은 막부 말기 존왕양이론자들의 바이블이었다.

지식인들도 국내 통합과 부국강병을 골자로 하는 해방론을 적극 주창했다. 지식인들의 해방론은 군사 방비론의 성격을 띤 막부의 해방론과 달리 정신주의 요소를 중요하게 여기는 정치 통합론의 성격이 강했다. 대외 위협은 신분이 높고 낮음을 떠나 '일본 전국의 수억만 사람'이 일치단결해 대응해야 할 전국적인 과제로 인식했다. 천하(일본)를 외국과의 관계 속에서 생각하게 되면서 '황국' '합국(闔國)'의 관념이 나타났다. 대외 문제는 '막부의 영욕'뿐 아니라 '황통의 안위'와 '신주 합국의 편안함과 휴식'을 위협하는 것으로 여겨졌다. 그리고 총력전을 대비한 체제를 구축하고 이데올로기를 강화하는 것을 모색했다. 아이자와는 천황을 충성 구조의 최고 정점에 놓는 통합을 통해 전국 차원의 필사적인 방어 체제를 구상했다. '국체'와 '존왕양이'라는 이데올로기를 동원했고, 무사 정신과 사기의 부활을 주장했다.[11] 해방론은 막번 체제의 집단적 응집력을 높이려는 보강론이었다. '존왕'은 막번 체제의 통합과 유지를 위해 동원되었고, 상징적 의미였지만, 훗날 존왕의 통합 방식은 막부 말기 정치 변동을 규정한 중요한 요소였다.

해방론은 실용적·병학적 관점에서 구상되기도 했다. 특히 아편전쟁은 무사들의 병학에 대한 감각을 일깨웠고, 해방론과 병기 제조법을 수록한 『해국도지(海國圖志)』는 중요한 원전이 되었다. 예컨대 다카시마 슈한(高島秋帆)은 네덜란드 사람한테 포술을 배웠고, 서양식 군사훈련의 필요성을 주장했다. 문하생 에가와 다로자에몬(江川太郎左衛門)은 대포를 만드는 데 성공했다. 사쿠마 쇼잔(佐久間象山)의 경우에서 보듯이, 병학에 대한 감각이 있는 자들은 '지피지기(知彼知己)'와 '사단취장(捨

短取長)'의 논리를 갖고 서양 군사학 및 군사기술을 받아들일 것을 주장했다. 특히 영국에게 승리를 안겨준 서양 군사력의 원천을 서양의 정밀한 학술에서 찾았다.[12] 여기에서 병학과 학문, 해방론과 지식론이 만나고 있다.

난학

위에서 언급한 만남은 난학(蘭學)에서 싹텄다. 나가사키에는 네덜란드 상관을 통해 유럽 정보와 서양 서적이 들어왔다. 난학은 막부가 정보를 얻거나 지도를 제작하기 위해 제한적으로 허용한 네덜란드어 서적을 통해 형성된 지식 체계를 말한다. 난학의 영향은 지도제작뿐 아니라 과학기술, 미술, 의학 등에도 미쳤다. 난학은 해금 체제의 유학, 국학, 신도와는 다른 유럽 세계의 지식과 정보를 제공했다. 막부는 난학이 유포되는 것을 통제했지만, 난학은 난학자들의 사제(師弟)나 동문의 개인 통신망을 통해 여러 곳의 중간 지식층에 퍼졌다.[13]

난학의 출현은 무엇보다 일본의 안보와 깊숙이 연관되어 있다. 18세기 말에서 19세기 초에 외부의 위협이 출현하고 쇄국 체제로 전환하는 컨텍스트에서 난학이 성립한 것을 주목할 필요가 있다. 이노 다다타카(伊能忠敬)가 지도를 제작한 것은 막부가 안보에 관심이 많았기 때문이다. 난학은 국제 정세에 대한 이해와 현실주의 국제관을 조장했다. 18세기 후반 난학자들의 안보 위기감은 『아카에조 풍설고(赤蝦夷風說考)』 (1784), 『삼국통람도설(三國通覽圖說)』(1786), 『해국병담(海國兵

談)』(1791) 등에서 보듯이, 러시아의 위협을 상정한 것이다.[14]

19세기에 들어서면서 국제정치 이해는 유럽으로 확대되었다. 와타나베 가잔(渡邊崋山)과 하시모토 사나이(橋本左內)는 네덜란드어 원서를 통해 유럽의 국제정치에 관한 지식과 권력 정치에 관해 이해할 수 있었다. 사쿠마 쇼잔의 서양 군사 지식은 일본어로 번역된 난학서를 근거로 한 것이었다. 요코이 쇼난도 번역서를 통해 유럽의 정치와 국제 관계를 인식했다.

난학은 관심 대상을 러시아에서 서양 일반으로 넓혔을 뿐 아니라 그 수준을 정치와 군사에서 학문으로 넓혔다. 난학자들은 서양의 근대과학에서 '경험'을 바탕으로 한 '실리' '실용' '실증'을 추구하는 방법론적 시각을 얻었다. 스기타 겐파쿠(杉田玄白)는 사체의 해부를 통해 서양 의학의 과학성과 객관성을 확인했고, 실험과 실증의 중요성을 깨달았다. 그는 이 경험을 살려 네덜란드어 서양 의학서를 『해체신서』(1774)로 번역했다.

난학의 과학적 세계관은 국학·신도와 다른 방식으로 중국을 비판할 수 있게 했다. 스기타는 서양 학문이 천문과 성리(性理)가 정교한 반면, '지나(支那)' 학문은 인간의 기호(嗜好)와 논설을 법으로 삼아 과학적이지 못하다고 비판했다. 중국 학문에 대해 비판하기 시작하자 중국적 세계관에 대해서도 비판하게 되었다. 난학자들은 '오륜'과 '성인'의 보편성을 들어 중국 중심적 세계관을 부정했고, 과학 지식과 객관 사실을 들어 스스로를 세계의 중심에 놓는 중국의 교만함을 비판했다. 중국을 "한구석에 치우쳐 있는" 나라로 깎아내리기도 했다.[15]

군사 위협과 군사적 대응 구도가 형성되는 분위기 속에서 해방론적 관심은 예상치 않은 과학적 세계관을 유발했고, 과학적 세계관은 중국을 비판하게 만들었다. 반면, 난학 지식을 통해 서양 세계는 일본 지식인들의 정체성을 구성하는 중요한 타자로 등장했다. 서양은 군사 위협의 근원으로 볼 때는 상대하고 싶지 않은 대상이었지만, 과학적 세계로 볼 때는 받아들일 만한 대상으로 다가섰다. 난학은 막부 말기 지사들의 서양 이해와 현실주의적 국제정치관을 규정하는 하나의 지식 기반이 되었다. 난학은 막부 말기 개국 상황을 거치면서 '영학(英學)' '불학(佛學)'을 포함하는 '양학(洋學)'으로 확장되었다.

쇄국 체제 속의 개국론

쇄국 체제는 개국 가능성과 상상으로 구축된다. 쇄국 체제를 보전하는 방법은 방어적 해방과 민심 통합이었다. 아이자와도 방어적 해방론, 존왕과 민심이 일치해서 이룬 국내 통합을 쇄국 체제의 보전책으로 삼았다. 그런데 국내 통합을 민심 일치의 차원이 아니라 국가 통합, 즉 통일국가 차원에서 강구하고, 해외 진출을 주장하는 경세가들도 나타났다. 막번 체제의 정치와 경제에서는 효율적인 자원 집중이 어려워 부국강병은 제한적일 수밖에 없기 때문에 방어적 쇄국 정책이 아니라 진취적인 해외 진출이 필요하다는 것이다. '항해 진출'은 북방을 위협하는 러시아에 대응하고 서양의 식민지주의에 부응할 수 있는, 일본의 부국강병을 강구하고 쇄국 체제를 극복하려는 구상이었다. 혼다 도시아키(本多利明)와 사토 노부히로(佐藤信淵)는 자원 부족이 국가 발전을 가로막는다는 생각을 가졌다. 부국강병의 적극적인 실현을 위해서는 해외 식민지를 건설해 해외의 부를 얻어야 하고, 그 전제로서 국가 통합이 필요하다는 침략적 개국론을 주장했다. 혼다 도시아키는 국토 개발과 교역을 통한 부의 창출과 다른 나라를 침략해서 다스리자고 주장했다. 사토 노부히로는 전국 통합의 유토피아를 제시하면서 황국을 '세계 만국의 근본'으로 삼고 세계의 군주들을 모두 '신복(臣僕)'으로 삼는 구상을 제시했다. 이들 해외 경략론은 해금체제를 깨뜨리는, 현실과 동떨어진 구상이었지만, 쇄국 체제 속에서도 세계 사정과 세계 지리, 그리고 과학기술에 관한 지식을 토대로 '세계 속의 일본'을 생각하는 정치경제적 사유가 생성되었음을 보여준다.

쇄국 체제의 컨텍스트에서 국제 위협이 양이론적 해방 관념과 황국 관념을 싹 틔우고 아울러 과학적 세계관과 근대 지식의 생성을 촉발했다는 것은 대단히 흥미로운 일이다. 정체성의 대상은 해금 체제에서는 중국이었는데, 쇄국 체제에서는 서양으로 바뀌고 있었다. 중국 비판도 출현했다. 쇄국 체제 아래에서는 주관적 심성에 기반한 양이론과 객관적 사실에 입각한 수용론, 서양을 총체적으로 거절하는 원리주의와 서양의 장점을 취하려는 합리주의, 그리고 심정주의와 과학주의가 뒤섞여 있었다. 다만 이러한 이론들은 구상에 불과했을 뿐 정책적 의미는 없었다. 막번 체제와 막부의 통제력이 건재했기 때문이다. 하지만 외압을 받자 시세 감각과 투쟁심이 일어났고, 현실을 중시하는 무사적 실감이 소생했다. 서양이 직접 위협하지 않는 한, 양이론·존왕론·해방론·개국론의 사유들은 미발 상태일 수밖에 없지만, 위협에 대면했을 때 무사의 에토스와 파토스가 되살아나 현실 정치를 유동화하는 것은 시간 문제였다.

개국과 정치체제의 변동: 외압의 내면화

페리 내항과 개국

페리 내항(1853)은 도쿠가와 일본의 개국과 막부 말 메이지 유신기의 정치 변동을 유발한 직접적인 계기였다. 아편전쟁 이후 미국이 일본에 관심을 가졌다. 영국은 일본과 통상을 원했지만 중국을 중시했기 때문에 일본에 덜 적극적이었다. 러시아는 아무르 강 지역에 관심이 있었다. 멕시코전쟁(1848)을 계기로 태평양 연안까지 팽창한 미국은 중국 시장 개척과 북태평양 포경업을 위해 중국에 이르는 태평양 횡단 기선 항로를 열고자 했다. 여기서 일본이 석탄과 식수의 중간 보급지로 떠올랐다. 1846년 비들(James Biddle) 제독의 미국 태평양 함대가 에도 만에 나타났고, 1849년 미국 소함정이 포경선에서 난파한 선원을 인계받기 위해 나가사키를 방문한 일도 있었다.

일본 역사를 바꾼 미 해군제독 페리(Matthew C. Perry)의 원정대가 우라가(浦賀)에 나타난 것은 1853년 7월이었다. 미국 대통령은 서한에서 난파 선원의 대우, 석탄과 생필품이 필요한 선박에게 피난항을 제공할 것을 요구했고, 일본과 통상을 원한다는 의사를 밝혔다. 페리는 일본과 우호 관계를 맺고 싶다고 밝히고 곧 다시 오겠다는 말을 남기고 우라가 항을 떠났다. 페리는 이듬해 2월 예고한 대로 군함 네 척을 끌고 와 막부를 위협했다. 일본은 이에 굴복하여 5월에 미일화친조약을 체결했다. 일본은 시모다(下田)와 하코다테(函館)의 개항, 미국 선박에 대한 생필품 제공, 미국 영사의 일본 파견 등을 허용했다. 그렇지만 페리가 완벽한 성공을 거둔 것은 아니었다. 개항은 두 개 항구에 그쳤고, 통상 및 외교사절의 상호 교환도 후일로 미루었기 때문이다. 미일화친조약은 한정적인 개국이었다. 영일협약과 러일화친조약도 잇달아 체결되었다.

막부는 대응 과정에서 최선을 다했고 조약의 결과만을 보더라도 최악의 사태는 피한 셈이었다. 하지만 페리 내항은 아무도 예기치 못한 정치 변동을 유발했다. 막부는 페리 내항 때 대표적인 양이론자였던 미토 번의 도쿠가와 나리아키(德川齊昭)를 해방참여(海防參與)로 등용하는 등 쇄국 정책을 고수했지만, 일단 조약이 체결되자 조약은 준수하되 급격한 개방은 피하자는 소극적 개국론으로 전환했다. 또한 기존의 통상 관계를 조약 관계로 바꾸는 네덜란드와의 교섭 과정에서는 개국 통상을 통해 부국강병을 이룩하자는 의견이 많았다. 쇄국 정책을 취했던 아베 마사히로나 대다수 다이묘들도 소극적 개국론으로 전환했다. 양이론을 주장했던 하시모토 사나이, 요코이 쇼난, 요시다 쇼인(吉田松陰) 등은 적극적 개국론으로 돌아섰다.

미일통상조약과 정치 변동

1856년 신임 로주 홋타 마사요시(堀田正睦)와 막부 관료들은 서구 열강이 일본을 침략하는 것을 막기 위해서는 통상조약 체결이 불가피하다는 결론에 이르렀다. 8월 시모다에 도착한 미국 영사 해리스(Townsend Harris)는 영국군과 프랑스군이 원정대를 파견할 것이라고 위협하면서 통상조약 체결을 재촉했다. 막부가 이를 받아들여 1857년 2월에 미일통상조약이 체결되었다. 외교사절의 상호 교환 및 수도 주재, 비준서 교환을 위한 일본 사절의 미국 방문 등이 정해졌고, 나가사키, 가나가와(神奈川), 니가타(新潟), 효고(兵庫)의 추가 개항에 합의했다. 낮은 관세율 적용과 영사재판권도 합의했다. 네덜란드, 러시아, 프랑스, 영국과도 통상조약을 체결했다. 영국은 최혜국 조항을 추가했다. 통상조약은 1859년부터 적용되었다. 막부는 약정 관세율을 부과하는 것을 빼고는 개입할 수 없었다. 외국인들은 개항장의 외국인 거류지에서 상업용이나 거주용 건물을 세울 수 있었고, 영사재판권의 적용을 받았다.

통상조약의 체결은 쇄국 정책을 포기하고 자유무역 제국주의 세계에 편입되는 것을 뜻했다. 막부는 조약 체제 아래에서 서양과 대결하는 것은 위험하다고 보고 서양의 압력을 피하는 전략을 취했다. 일본인들의 해외 도항은 아직 금지된 상태였다. 자국인에게는 쇄국, 외국인에게는 개국인 셈이었다. 일본의 개국은 자율적 개국이 아니라 타율적 개국이었지만, 어떤 의미에서는 막부의 체제 통제력이 안과 밖의 균형을 유지한 것이었다. 하지만 미일통상조약 비준을 둘러싸고 국내 정치가 요동치면서 안과 밖의 균형이 깨지기 시작했다. 두 가지 계기가 있었다. 로주 아베 마사히로(阿部正弘)가 미국에서 보낸 서한을 힘 있는 다이묘들에게 보이고 의견을 물은 일, 그리고 막부가 반대자들을 무마하고자 천황의 조약 승인, 즉 칙허를 얻고자 한 일이었다.

막부가 다이묘들에게 대외 정책에 관해 의견을 묻는 것은 전례 없는 일이었다. 막부 실세인 다이로(大老) 이이 나오스케(井伊直弼)는 대외 무역과 서양식 해군 창설을 통해 부국강병을 추진해야 하며, 부국강병을 하기 위한 시간을 벌기 위해서 조약 비준이 불가피하다고 보았다. 대다수 번주들도 전쟁을 피하려면 통상을 허용할 수밖에 없다고 생각했다. 막부는 강병책을 강구했다. 나가사키 해군 전습소를 만들어 네덜란드의 해군 기술과 의술을 받아들였고, 에도에 서양식 육군을 창설하기 위한 강무소(講武所), 외교 문서와 서양 책을 번역하고 출판할 기관(蕃書調所)을 열었다. 번주들도 이에 발맞춰 군제 재편이나 서양 군사기술 도입에 힘썼다.

그렇지만 이러한 강병책에도 불구하고 불평등하게 개국을 강요당한 굴욕감과 외교 정책에 대한 불만은 커져만 갔다. 웅번들은 평화와 쇄국 두 가지를 다 요구했다. 도쿠가와 나리아키는 가신 아이자와 야스시가 오래전에 주장했던 양이론을 들고 나왔다. 또한 막부의 지도력을 비판하기도 했다. 그러자 막부는 천황의 칙허를 받아 통상조약을 비준하려고 했다. 그런데 낙관적 예상과 달리 고메이(孝明) 천황은 칙허를 거부했고, 오히려 '양이단행'을 막부에 요구했다. 조약 비준 문제는 쇼군 후계 문제와 얽히면서 정치를 불안하게 만들었다. 이이 나오스케는 도쿠가와 나리아키가 자기 아들을 쇼군으로 삼고자 조정의 양이론을 부추긴다고 생각했기 때문에 칙허를 받지 않은 채 조약을 조인해버렸다. 그리고 조정의 조신朝臣들과 과격파 양이론자들을 탄압했다. 이 사건이 이른바 '안세이 대옥(安政大獄)'(1858)이다.

양이론자에 대한 정치적 탄압은 오히려 부메랑이 되어 도쿠가와 정권에 심각한 타격을 주었다. 소극적 개국론을 선호했던 여론이 쇄국 양이론을 지지하는 쪽으로 돌아섰던 것이다. 적극적 개국론자 중에는 일단 '양이'로써 부정한 조약을 깨고 국위를 선양한 뒤 올바른 조약을 맺어야 한다는 '양이 후 개국'을 주장하는 사람도 있었다. 막부의 권위와 정통성은 크게 떨어졌다. 도쿠가와 정권을 가리키는 용어는 '공의'에서 '막부'로 바뀌었다. 반면, 천황의 거소를 가리키는 '금리(禁裏)'는 '조정(朝廷)'으로 급부상했다. 쇼군과 천황을 둘러싼 정치적 상징이 바뀌는 순간이었다. 양이론자들은 막부 정치를 '사사로운 정치'로 매도하면서 저항했고, 탄압받는 조정·번주·지사를 옹호하는 운동을 전개했다. 미토 번과 사쓰마 번, 그리고 조슈

(長州) 번의 지사들이 연대해 '안세이 대옥' 희생자들의 복권과 명예회복을 요구했다.

공무합체운동과 양이운동

막부 권력은 1860년 양이론자가 이이 나오스케를 암살한 사건을 계기로 더욱 약화되었다. 막부는 비판 여론을 잠재우고 권위를 회복하기 위해 고메이 천황의 여동생을 쇼군의 처로 삼아 조정과 화해를 연출했다. 또한 시간을 벌기 위해 조정이 제시한 '양이 후 개국'이라는 밀약을 받아들였다. 그래도 양이론(조약반대론)은 진정되지 않았다. 1862년 존왕양이운동은 절정에 달했다. 마키 이즈미(眞木和泉)는 아이자와 야스시의 영향을 받아 존왕양이 사상에 눈을 떴고, 존왕양이론의 이론 근거를 제공한 대표적인 과격 존왕양이파였다. 조정은 조슈, 도사(土佐) 양이파의 지원을 받아 막부로부터 양이단행을 약속받았다. 1863년 쇼군은 220여 년 만에 교토에 상경해 전국에 양이 지령을 내렸다. 조슈 번은 전국을 양이 전쟁에 끌어들일 심산으로 앞장서서 외국 배를 포격했고, 사쓰마 번은 영국인 살해 사건을 문책하러 가고시마(鹿兒島)를 찾은 영국 함대에 발포했다. 하지만 양이운동은 1863년 8월 쿠데타로 조슈 세력 중심의 과격파 양이론자들이 교토에서 축출되면서 힘을 잃었다. 내란을 두려워한 천황은 과격한 양이를 원하지 않는다고 선언했다. 양이파의 거점인 조슈 번도 구미 4개국 연합 함대가 반격하자 개국 정책으로 전환했다. 1865년 마침내 조약을 비준하는 칙허를 내렸다.

1860년대 전반에는 세 가지 형태로 국내 통합 운동이 벌어졌다. 막부의 강병운동(군제 개혁), 옛 히토쓰바시 세력의 '공의'운동, 그리고 초망(草莽)지사들의 양이운동 및 왕정복고운동이었다. 막부는 서양식 해군과 육군을 편성하고 관료 조직을 효율화하는 군제 개혁을 계획했지만, 사쓰마 번과 에치젠(越前)번의 다이묘들이 존왕양이운동에 대항하고자 '공무합체(公武合體)운동'을 추진하면서 좌절되고 말았다. 이들은 초망지사들이 함부로 날뛰는 가운데 교토에 올라와 정치 세력을 규합했고, '막부의 사사로움', 즉 '막사(幕私)'를 부정하면서 공무합체를 추진했다. 그러나 공무합체운동은 막부 권력을 보전하기 위한 좌막파(佐幕派)의 현상유지적 발상의 표현으로서 국내 통합의 동력이 되기 어려웠다.

막부 말기 정치 변동은 초망지사들의 양이운동과 왕정복고운동에 좌우되었다. 1862~1863년에 존왕양이운동이 크게 일어난 까닭은 막번 체제가 새로운 정치 상황에 제대로 적응하지 못했기 때문이기도 했다. 대외 문제(조약 비준)를 둘러싼 막부와 조정 간의 대립과 갈등, 막부와 다이묘 간의 의견 차이가 국내 문제로 옮겨 와 과격파 양이론자들의 탄압으로 이어지는 과정에서 존왕양이론자들은 막부를 초월하는 가치와 이념을 내걸고 새로운 형태의 국내 통합을 모색했다. 과거 대외 정책의 수단이었던 양이론은 국내 정치의 수단으로 바뀌었고, 양이운동은 토막(討幕), 즉 막부 타도와 왕정복고를 겨냥했다. 여기에 일부 다이묘들이 막부의 허가도 받지 않고 군대를 동원하거나 조정이나 다른 번주들과 정치적 제휴를 모색하는 일까지 벌어졌다.

지사와 영웅호걸

막부 타도와 왕정복고를 유발한 존왕양이운동의 행동가들은 '지사(志士)'들이었다. 지사들은 대외 문제 때문에 발생한 국내 갈등과 부조리를 없애고자 나선 자들이었다. 그들은 불평등조약의 체결로 '황국'의 위신이 떨어지고 막부가 잘못 대처한 것에 분개하면서 억누르고 있던 전투심을 되살렸다. 지사들은 안보 위기의 비상 상태에서 '뛰어난 인물' '광견(狂狷)한 무사', 즉 '영웅호걸'로 자처했다. 영웅호걸은 일상을 벗어난 세계 속에서 신화에 지배되어 생명을 던지는 자, 비상사태에 직면했을 때 죽을 만큼 아주 위험한 곳에 가서 비상사태를 극복하려는 자이다. 지사는 현실의 위기를 비상사태로 받아들이는 시세 감각, 적개심, 현실 변혁 의지와 책임감, 죽을 지경의 아주 위험한 곳에 뛰어들 수 있는 행동력을 갖춘 자들이었다. 또한 "만사를 스스로 창생하고, 감히 남의 발자국을 밟지 않는 자, (중략) 옛 무사의 풍으로써 자임하여 천하의 선구가 되는"(吉田松陰) 존재였다.

또한 지사들의 분개심과 개혁 의지는 신분에 대한 불만에서도 비롯되었다. 지사들 중에는 중앙 무사(旗本)들이 정치와 외교를 독점한 것에 불만을 품은 지방 무사들이 많았다. 특히 하급 무사들은 번정(藩政)에서도 소외되었다. 지사들은 이러한 불만을 해소하고자 문무불기(文武不岐), 사도(士道) 진흥, 능력 위주의 인재 등용을 요구하면서 번 단위를 벗어나 전국 단위의 정치에 참여하기 시작했다.16) 이들 지사들은 번 의식을 넘어 국가 의식을 갖고 행동하는, 강렬한 현실 변혁의 의지와 책임감을 가진 정치 주체, 즉 영웅호걸로 등장했던 것이다. 바로 이들이 메이지유신의 주체들이었다.

지사들은 뜻을 구현하려면 자신들을 구속하고 있는 기존의 규칙들을 깨뜨려야만 했다. 그들은 번주의 허가 없이 소속 번을 벗어났고(脫藩), 천황이나 번주에게 직접 건의하기도 했으며(獻策), 다른 번 지사들과 의견을 나누기도 했다(處士橫議). 막번 체제의 규칙을 깨는 일탈 행위들이었다. 일탈 행위는 정치 세력화나 신분 상승의 의지뿐 아니라 천황에 대한 충성심의 소산이기도 했다. 체제를 개혁하는 것과 번주에 충성하는 것은 서로 상극이었다. 이 상극은 천황에 대한 사적인 군신의 의(義)를 절대적 대의(大義)로 설정하고 번주에 대한 충성을 상대화하거나 부정함으로써 해소할 수 있었다. 천황에 대한 충성을 매개로 이루어진 창조적 일탈은 막번 체제와 신분제를 해체하는 행위였다. 대외 문제가 일어나고 그에 따른 국내 정치의 유동화로 막번 체제가 제 기능을 못했을 때 지사들은 창조적 일탈 행위를 통해 신분의 한계를 벗어날 수 있었다. 뒤에 설명하는 '일군만민론'은 이러한 일탈을 추동한 이념이었다.

통일국가의 구상과 실현

'공론'과 막부의 '사론'

막부 말기 정치 변동은 도쿠가와 평화가 깨져가는, 즉 막번 체제와 신분제가 유동하는 과정이었다. 페리 내항 이후 일본의 최대 과제는 국내 통합이었다. 해방론에서도 민심이 일치하는 국내 통합을 제기했지만, 막부가 통제력을 잃고 '막부의 사사로움'이 비판받는 상황에서 강병책은 국내 통합과 화합에 도움을 주지 못했다. 국민 통합과 화합의 새로운 전망으로서 신분이나 자격을 가리지 않고 뛰어난 인재를 발탁해야 한다는 주장이 나왔다. 또 막부의 사사로운 정책과 다이묘들의 할거주의(sectionalism)를 타파해야 한다는 비판도 나왔다. 모두 막번 체제와 신분제를 골간으로 삼은 도쿠가와 체제에 대한 비판이었다. 국가 통합 과제에서 가장 먼저 요구된 것은 제도 변혁이 아니라 그것을 추동할 통합 이념이었다. '공의(公議)' 사상과 '일군만민(一君萬民)' 사상은 대립하고 엇갈리면서 막부 말기 정치 변동을 이끌었다.

'공론(公論)' '공의' '공의여론'은 막부 말기 정치 변동에서 정치의 공공성과 정치 화합을 모색하면서 막부의 권위와 막번 체제를 유지하려는 정치적 의도를 담은 말이었다. 공론은 '여론' '중론'의 집합인 동시에 '여론' '중론'을 지도하는 담론적 권위를 갖는 것으로 여겨졌다. 공론 이념은 공무합체운동, 공화정치론, 의회제도론 등으로 나타났다. 원래 막번 체제에서 공론의 주체는 막부였다. 막부는 힘의 원천이자 정책을 형성하고 집행하는 정치적 권위였다. 때문에 막부는 '공의' '공변(公邊)'으로, 쇼군은 '공방(公方)'으로 불렀다. '공론'과 '공의'는 막부의 정치적 권위에서 나왔지만 모든 조직을 초월하는 원리로 받아들였다. 이러한 공론은 막부 말기 정치 과정에서 의미가 바뀐다. 페리 내항과 조약 비준의 외교 문제를 둘러싸고 막부가 다이묘의 의견을 구하면서 다이묘도 비로소 공론 형성에 참여하게 된 것이다. 여기서 '공론'은 막번 체제를 운용하는 정치 주체들의 집합적 의견, 혹은 봉건적 분파주의를 초월한 국가적 중론이란 성격을 띤다.[17) 다시 말해 '공의여론'이 성립된 것이다.

다이묘들이 '공의여론'에 참여하는 것은 공의인 막부의 공적 기능을 떨어뜨리고 권력을 약하게 만들 위험을 안고 있었다. 실제 막부가 조약 칙허 문제나 쇼군 후계 문제로 취약함을 드러내자 다이묘들의 여론, 즉 공론과 공의에 맞지 않는 막부의 견해나 정책은 막부의 사사로움으로 매도되었다. 특히 막부가 조정과 다이묘들의 의견을 무시한 채 통상조약을 비준하고 양이론자들을 탄압하면서 '천하'의 '공론'과 막부의 '사론'은 분리되었다. 또한 토막론자들이 막부의 호칭을 '공의'에서 '막부'로 대체했을 때, 막부는 공적 권위를 잃고 공론에서 배제되었다.

공무합체론은 막부의 '사(私)'를 새롭게 성립된 공론과 공의의 틀 속에 포섭하려는 구상이었다. 공무합체론자들인 유력 다이묘들과 그 번사들은 조정과 막부의 화해를 통해 조정과 막부를 포괄하는 공론과 공의를 성립하려고 시도했다. 그러나 공무합체론자들의 공론 관념은 안세이 대옥을 계기로 초망지사들에 의해 공론을 담당하는 계층이 아래로 확산되는 현실을 반영하지 못했다. 토막론이 확산된 것은 초망지사들이 공론에 새로운 의미를 부여하면서 공론의 새로운 담당자로 떠올랐음을 뜻한다. 여기에는 천황을 상징으로 내세운 일군만민론과 유교적 천도 관념과 천하 관념이 관여했다.

'일군만민'과 천황 상징

초망지사들의 통일국가 구상은 "사해는 모두 왕토, 백성(兆民)은 태양을 우러른다"는 일군만민 사상을 기초로 했다. 일군만민론은 천황을 공론의 주체로 설정하는 정치적 사유인데, 사상의 원류는 국학의 천황관과 후기 미토학의 존왕양이론이었다. 국학은 천황을 천도와는 구분되는 가치충족적인 신성(神聖)으로 보았고, 막부 정권의 정당성을 천황의 위임에서 찾았다. 쇄국 체제에 부응한 후기 미토학은 국학이 제시한 천황의 신성성을 정치화해 천황-쇼군-번주의 충성 구조를 군신유의(君臣有義)의 명분으로써 체계화했고, 이를 통해 막번 체제의 국내 통합을 강화하려 했다. 여기서는 '신민'의 충성심과 '지기(志氣)'를 진작하는 것이 강조되었다. 양이론은 이러한 국학과 후기 미토학의 사상을 계승했다. 하지만 막번 체제를 전제로 성립한 후기 미토학은 막부의 권위가 추락하자 쇠락했고, 국학의 천황관에 입각한 일군만민론이 막부 말기 지사들을 움직였다.

　무사의 기풍을 가진 지사들이 천황을 최고 정점에 있는 충성의 대상으로 설정하면서 중대한 의미 전환이 일어났다. 국학과 후기 미토학은 '일군', 즉 천황을 최고의 충성 대상으로 삼았지만, 주체적으로 천황에 충성하는 '만민'을 설정하지는 않았다. 요시다 쇼인(吉田松陰)은 충성을 매개로 만민을 천황에 연결함으로써 천황이 주체가 되는 새로운 통일국가를 구상했다. 국학자들은 천황을 문화와 정서의 상징으로 삼았지만, 쇼인은 정치적 색채를 띤 인격으로 보았다. 천황의 절대적 신성화는 막번 체제를 초월한 충성 대상이 나타났음을 의미하며, 천황의 정치적 인격화는 무사가 천황을 능동적으로 충성하는 대상으로 삼는 길을 열었다. 쇼인은 "천하는 한 사람의 천하이지 천하의 천하가 아니다"는 논리로 천황을 절대화했고, "군은 군답지 않더라도 신은 신이어야 한다"라는 '천합(天合)'적 군신관에 입각한 절대 충성을 요구했다. 정통성의 근거는 천황이라는 한 사람의 절대화된 인격이었다.

　반면에 스승으로서 쇼인과 논쟁을 벌인 주자학자 야마가타 다이카(山縣太華)는 천리(天理)의 보편성에 입각해 군신 관계를 의합(義合)의 관계로 보았고, "천하는 한 사람의 천하가 아니라 천하의 천하"라는 보편주의적 유학 관념을 갖고 국체론의 자국중심적인 세계관과 천황의 절대성을 부정했다.[18]

　다이카와 쇼인의 상극은 정치 변동 과정에서 유학의 보편 사유와 국체론의 개별 사유가 서로 대항하고 있었음을 보여준다. 다이카의 견해는 공의여론 사상에 연결된다. 원래 '천도'는 전국 난세의 마키아벨리적 상황에서 인간의 의지를 초월한 보편 가치를 상징했는데, 도쿠가와 시대에 들어서자 주자학의 보편 이념인 '리(理)'와 결부되어 '천하의 인심'을 '리'에 포괄했다. 공의여론 사상은 이러한 '천도' 관념에 맞닿아 있었다. 다만 막번 체제가 동요하면서 천하의 인심과 리가 분리되고 오히려 천하의 인심에서 천도를 찾게 되었다. 쇼인의 국체관과 천황관은 천하의 인심이 천황 상징에 의미를 주었을 때 천황 상징이 천도를 포섭할 수 있음을 보여준다. 천도 관념은 정치 통합체의 의지를 상징했고, 공론은 그러한 정치체의 구체적인 정치 방침으로 이해했다. 정치 변동 과정에서는 천황 상징이 유학적 '리'보다 우선했다. 존왕양이론자들은 쇼인의 일군만민론을 받아들였고, '천황' 상징은 '천도'와 같은 초월 기능을 하면서 정치 변동과 유신의 동력으로 작용했다.

토막운동과 대정봉환

통일국가의 실현은 일군만민 사상에 입각한 정신주의와 정치 행동으로만 이루어진 것은 아니다. 오히려 막부와 웅번 사이, 웅번과 조정 사이, 웅번들 사이의 연합 등 정치적 세력 관계가 현실적으로 더 중요한 의미가 있었다. 공무합체운동을 주도한 다이묘들의 공의여론에서는 천황은 공론의 주체가 아니었다. 천황은 병력 동원에 명분을 제공하는 상징에 지나지 않았다. 막부에서 분리된 공론은 유력 다이묘들이 주도했다.

공무합체운동은 웅번의 다이묘들이 '천하의 공론' '천하의 공의' '공공의 천리' 등의 원리를 동원해서 공론을 정치적으로 표출한 것이었다.

공무합체운동은 실패로 끝났다. 1865년부터 토막파, 대정봉환파, 막부회복론자(佐幕派)들이 뒤섞인 가운데 공론은 표류하고 있었다. 천황의 권위도 떨어져 이러한 상황을 통제하지 못했다. 또한 막부의 군사력이 조슈 번조차 통제하지 못하는 상황에서 공론이 정착하기는 아주 어려웠다. 공론 자체가 권위가 없었고, 공론 주도자도 통제력이 없는 상황이었다. 토막운동과 대정봉환운동은 '공화정치'를 목표로 삼았지만, 내용과 방법은 차이가 있었고 실현될 가망성도 많지 않았다. 도사 번은 경사京師의 의정소를 중심으로 서민도 참여할 수 있는 의회 제도를 실시할 것을 주장했다. 다이묘들의 공의여론과는 구별되는 것이었지만, 실시되거나 정치 통합을 구현할 가능성은 많지 않았다. 공의여론파(대정봉환파)의 공론은 상황을 정체시키는 것 말고는 어떠한 기능도 하지 못했다.

이런 가운데 사카모토 료마(坂本龍馬), 다카스기 신사쿠(高杉晋作) 등 토막파 번사들은 정체된 상황을 타개하고 통일국가를 만들기 위한 공론을 제시했다. 또한 사쓰마 번의 사이고 다카모리(西郷隆盛), 오쿠보 도시미치(大久保利通) 등 공화정치론자들은 전국적 정치 통합을 수행할 능력을 갖춘 조정을 중심으로 한, '중의'의 '공론'에 의거해 법 제정과 집행이 가능한 강력한 중앙집권체의 창출을 구상했다. 이들은 공론을 모아 현상을 타파하는 것이 아니라 강력한 권력을 창출해 공론을 만들고자 했다. 그리고 조슈-사쓰마-도사의 번 연합 세력은 공론을 명분으로 내걸고 통일국가의 구상을 실현할 수 있었다. 연합 세력의 중심인물들은 사쓰마 번의 오쿠보 도시미치, 구로다 기요타카(黑田淸隆), 마쓰카타 마사요시(松方正義), 조슈 번의 기도 다카요시(木戸孝允), 도사의 고토 쇼지로(後藤象二郞) 등이었다. 이들의 공론은 일본의 독립과 근대화였다. 천황은 이 과정에 '천도'의 담지자나 정치 주체로서 관여한 것이 아니라 자신들의 정치 목표를 달성하기 위한 상징적 수단, 이른바 '다마(玉)'로 동원되었다.[19]

연합 세력을 구성했던 도사 번은 막부에게 정권을 조정에 되돌려주라는 이른바 '대정봉환(大政奉還)'을 건의했다. 대정봉환의 배경에는 천황이 막부에 정권을 위임했다는 국학자들의 위임설이 있었다. 1867년 마침내 쇼군 도쿠가와 요시노부(德川慶喜)는 교토에 올라가 천황에게 정권을 봉환했다. 요시노부는 정권 봉환을 아뢰는 글에서 "오늘날 외국과 교제가 날로 성해지기 때문에 갈수록 정권이 한곳에서 나오지 않으면 기강이 서기 어렵습니다. 종래의 구습을 고치고, 정권을 조정에 돌려드려 널리 천하의 공의를 다하고 성단(聖斷)을 우러러 마음을 같이 하고, 힘을 합해 함께 황국을 보전할 수 있다면, 반드시 해외 만국과 병립할 수 있을 것입니다"라고 말했다.[20] 황국의 보전과 해외 만국과의 병립을 위한 봉환에는 천하의 공의가 전제되어 있었다.

메이지유신과 문명개화

메이지 정부의 성립과 개혁

메이지 신정부의 성립: 왕정복고, 판적봉환, 폐번치현

왕정복고는 1868년 1월(음 慶應 3년 12월) 동상이몽을 하는 세 무리의 정치 세력이 단행했다. 첫째 무리는 웅번의 개명파 제후들이었다. 이들은 웅번 다이묘들의 합의체(도쿠가와를 포함) 위에 천황을 두고 일정한 규모로 국내 개혁을 하고자 했다. 왕정복고의 '대호령'과 더불어 총재, 의정(議定), 참여(參與)가 설치되었는데, 이들은 의정의 실권을 장악했다. 하지만 대대적인 개혁을 생각하지는 않았다. 둘째 무리는 번정 개혁을 통해 재정에도 밝고 서양 사정에도 정통한 토막파 지도자들, 즉 메이지유신 관료들이다. 앞에서 언급한 사쓰마 번의 오쿠보·구로다·마쓰카타, 조슈 번의 기도·이토 히로부미·이노우에 가오루(井上馨)·야마가타 아리토모(山縣有朋), 도사의 고토, 히젠(肥前)의 오쿠마 시게노부(大隈重信) 등이었다. 이들은 왕정복고를 통해 강력한 중앙 정부를 확립하고 위로부터 근대화를 실현하고자 했다. 셋째 무리는 사쓰마, 조슈, 도사 등의 토막파 무사 군인들이었다. 정치 변동 과정에서 번에서 지위가 상승한 하급 무사도 있었고, 번을 벗어나 근왕지사로 활약한 초망도 들어 있었다. 초망지사들은 여전히 존왕양이를 주장했지만 군인들은 양이를 포기했다. 하지만 일본의 '황위'를 해외에 떨치고자 하는 목표는 같았다. 왕정복고의 어전 회의에서는 전 쇼군 도쿠가와 요시노부를 신정부의 의정에 임명해 신정부에서 중요한 지위를 주려는 다이묘 무리의 주장이 우세했다.21)

보신(戊辰) 전쟁은 세력 관계를 뒤집었다. 1868년 1월 오사카 성에 포진한 옛 막부군은 신정부의 분열을 틈타 아이즈(會津) 번과 구와나(桑名) 번 병사들을 앞세우고 교토에 진격했다. 오쿠보 도시미치는 조정의 이와쿠라 도모미(巖倉具視)와 산조 사네토미(三條實美)를 끌어들여 정부군으로 9개월 동안 전투를 치르는 한편, 정책 결정 기구를 신설해 둘째 무리의 데라시마·이토·이노우에 등 사쓰마와 조슈의 개명 세력을 임명해 신정부의 실권을 장악했다. 아울러 천황과 신정부의 일체화를 꾀하고 가신들로 구성된 번 합의체를 설치했다. 메이지유신 무리와 군인 무리가 손을 잡고 다이묘 무리를 압도하려는 의

도에서였다. 그런데 전쟁이 끝나자 근대화를 중시한 유신 관료들과 국위 발양을 우선시한 군대 무리와 초망 무리가 대립했다. 신정부의 개혁 세력은 사쓰마 번, 조슈 번의 하급 무사 출신이었다. 도사번은 내란을 진압하는 과정에서 양쪽 번과 협력했고, 메이지유신 과정에서도 얼마간 관여했다. 신정부의 위신을 세우고자 조정의 공경(公卿)들도 영입했지만, 이와쿠라와 산조 등 몇 사람을 빼고는 바로 도태되었다. 사쓰마와 조슈 출신자들은 신정부에 자신들의 번 출신을 등용해 붕당적 결사를 만들었다. 사쓰마 파와 조슈 파는 서로 헤게모니를 다투면서도 우월한 지위를 유지하기 위해 손을 잡기도 했다. 신정부는 '파벌 정부'였다.

메이지유신 관료들은 1869년 2월 판적봉환(版籍奉還)을 단행해 중앙집권화를 꾀했다. 신정부는 1869년 영지를 조정에 헌상하도록 한 뒤 제후들을 번 지사에 임명했다. 기존 번주를 그대로 번 지사로 임명했기 때문에 판적봉환은 중앙집권을 시도한 것이지만 실제로는 옛날 번이 존속한 꼴이 되었다.

2년 뒤 기도 다카요시는 세계 강국과 대치할 수 있는 초석은 봉건제 폐지라고 생각하고 이를 주도했다. 그는 지사들을 모두 면직한 뒤 신정부가 직접 후임자를 정하게 했고, 영지를 기초로 한 지방행정 구획을 분할하고 병합했다. 이로써 봉건제의 경제적 토대는 폐지되었다.22) 이러한 중앙집권 정책은 유신 관료들의 권력을 강화하는 것이고, 또한 서구화를 의도했기 때문에 존왕양이 파의 반발을 샀다. 유신 관료들은 토막번사들의 반발을 무릅쓰고 무사들의 대도(帶刀)와 할복을 금지했고, 평민들에게도 성명을 허용하는 등 사민평등과 문명개화 정책을 추진했다.[23] 메이지유신 정권은 판적봉환, 번정 개혁 등을 통해 번을 정치체에서 행정 단위로 탈바꿈시켰다.

하지만 이러한 개혁들은 암살 사건과 반정부 책동 등을 일으켜 정국을 불안정하게 만들었다. 국가의 와해를 우려한 유신 정부 지도자들은 권력 기반을 확립하기 위해 1871년 여름에 기도 다카요시, 사이고 다카모리, 오쿠마 시게노부, 이타가키 다이스케를 참의(參議)로 하고 사쓰마, 조슈, 도사의 번병들이 친병 역할을 하는 중앙정권을 성립한 뒤 폐번치현(廢藩置縣)을 단행했다. 폐번치현은 유신 정권의 안정에 기여했다. 중앙정부는 최고 권력과 정통성을 갖게 되었고, 관료나 무사들은 번주와 천황 사이에서 어느 쪽에 충성해야 할지 갈등했던 것을 해소할 수 있었다.

그러나 폐번치현은 정부 내부의 분열을 초래했다. 폐번치현 뒤 새로 참의가 된 사이고 다카모리가 친병에 대한 병권을 행사했고, 오쿠보, 기도, 오쿠마, 이토, 이노우에 등 유신 관료들은 대장성을 중심으로 재정권과 행정권을 장악했다. 반목할 가능성이 많은 불안정한 체제였다.

문명개화와 이와쿠라 사절단

메이지유신은 '내적 개국'이었다. 유신은 부국강병의 물적 기반을 구축하는 것뿐 아니라 서구의 학술·문화·사상·제도를 받아들이는 문명개화 과정이었다. 사민평등과 문명개화를 표방한 유신 정권은 문명개화를 실천하고 근대적 제도를 만들어 나갔다. 2년간 이와쿠라(巖倉) 사절단이 구미 14개국을 순방(1871.10.~1873.9.)한 것은 서구의 근대적 제도를 배우기 위한 강한 결의의 표시였다. 사절단은 정사에 우대신 이와쿠라 도모미, 부사에 오쿠보 도시미치, 기도 다카요시, 이토 히로부미, 그리고 각 성의 최고 실무자를 포함한 48명으로 구성되었다. 폐번치현 직후 정부 안에서 권력투쟁이 일어나고 있었는데도 정부 지도자들의 절반이 해외 시찰에 나섰다는 사실에서 개혁 세력의 강렬한 근대화 의지를 읽을 수 있다. 사절단의 목적은 막부가 체결한 통상조약의 불평등 조항을 개정하는 것이었지만, 실제는 법률·경제·외교·교육·군사 등 구미의 사정과 제도를 시찰하는 것이었다. 또한 정치적 계산도 없지 않았다. 오쿠보와 기도는 외유를 나가 대장성의 재정권 장악에 대한 불만과 중앙집권제의 수정 요구를 잠재우고자 했다.[24]

사절단은 구미 선진국의 산업 시설과 제도를 시찰하고 정치·경제·산업·학술 등 다양한 분야에 걸쳐 서양의 근대 문명과 부국강병의 실태와 근원을 꼼꼼히 관찰했다. 영국에서는 산업사회의 밝은 면뿐만 아니라 어두운 면도 파악했고, 자본주의 사회의 장단점을 정확하게 포착했다. 사절단은 유럽 강국뿐 아니라 '소국' 일본의 처지를 염두에 두고 벨기에 같은 소국에도 깊은 관심을 보였다. 특히 독일에서는 비스마르크와 면담을 했는데, 비스마르크는 사절단에게 향후 일본은 군주가

주권을 갖는 강력한 입헌군주제로 가야 한다고 힘주어 조언을 했다.25) 구미 유람을 통해 서양의 문명개화와 부국강병을 견문한 실권자 오쿠보 도시미치는 앞으로 문명개화 정책을 가장 먼저 실시해야 하며, 정부가 강력히 주도해서 점진적으로 실행해야 한다는 확신을 갖게 되었다.

사절단이 외유하는 동안 국내 정국은 비교적 안정을 유지했지만 불안정한 요인도 있었다. 대장성과 대립한 좌원(左院)과 사절단에서 제외된 사법성, 문부성, 육군성이 사절단 파견에 자극을 받아 앞 다투어 개화를 추진했고, 이를 위해 예산을 늘려 줄 것을 대장성에 요구했다.

한편, 정부를 지키고 있었던 산조, 사이고, 이타가키, 오구마 등은 평소 불만이었던 대장성에 대해 재정권을 집행할 때 자신들이 속한 정원(正院)의 결재를 받도록 만들었다. 그러자 대장성의 실권자 이노우에 가오루가 사직하고 말았다. 이 사건은 사절단이 귀국한 뒤 정한(征韓) 논쟁으로 이어졌다.

정치 갈등과 대외 문제

'내적 개국'을 하자 국내의 정치 갈등이 대외 문제를 초래하는 현상이 나타났다. '외적 개국' 때와는 반대 양상이 나타난 것이다. 사절단이 외유하는 중에 옛 번사층과 근위병들이 '외정(外征)'을 요구하고 나섰다. 대만인이 유구인과 일본 어민을 폭행하고 약탈한 것과 러시아 병사가 가라후토의 일본 어민을 폭행한 것 그리고 조선 정부가 일본의 대조선 밀무역을 비난

한 것을 문제 삼아 사쓰마 출신 인사들은 출병을 주장했다. 하지만 사이고는 정부를 지키면서 새로운 정책을 펴지 않겠다는 약속을 했기 때문에 사절단이 귀국할 때까지는 출병을 허락할 수 없었다. 진퇴양난에 빠진 사이고는 활로를 찾고자 자신이 직접 전권 대사가 되어 조선에 가기로 했다.

그런데 구미 시찰을 마치고 귀국한 오쿠보, 기도 등 양행파는 시기상조를 이유로 들어 사이고의 정한론에 반대했다. 수출을 늘리고 국내 산업을 육성하는 등 내치를 먼저 해야 한다는 생각에서였다. 1873년 10월, 양행파와 정한파 간의 정한 논쟁은 유신 정부를 무너뜨릴 수도 있는 위기였다. 정한 논쟁은 사이고 파의 패배로 끝났다. 사이고와 사쓰마 군인들은 격분한 나머지 가고시마로 돌아가버렸다. 정한론을 주장한 소에지마 다네오미(副島種臣), 고토 쇼지로, 이타가키 다이스케, 에토 신페이(江藤新平) 등은 정치 결사체를 조직해 1874년 1월, 일본 최초의 의회제 구상인 '민선의원 설립건백'을 좌원에 제출했다. 민선의원 설립 운동은 자유민권운동을 촉발했다. 이들은 애국사(愛國社), 입지사(立志社) 등을 결성해 전국적인 운동에 나섰다. 운동은 1880년에 국회기성동맹(國會期成同盟)을 결성해 국회 개설을 요구하는 청원서를 제출하면서 최고조에 달했다.

한편, 정한파 사족들의 움직임을 우려한 오쿠보는 2월 대만 출병을 결정했다. 그런데 대만 출병은 강경파 군부가 대두할 것을 우려한 개명 관료와 민선의원 설립론자들이 협력하는 계기가 되었다. 이타가키는 기도와 민선의원 설립에 합의하고 정부에 복귀했던 것이다. 이노우에 가오루, 시부사와 에이이치(澁澤榮一), 무쓰 무네미쓰(陸奧宗光)의 기도파와 이타가키의 민권파는 입헌제 수립과 행정의 근대화를 추구했다. 그러나 내각과 성省을 분리하는 문제를 둘러싸고 기도와 이타가키 사이에 다시 균열이 생겼다.

이때 유신 정부가 조선을 개항시키려는 운요호사건이 일어났다. 기도는 운요호사건을 계기로 내치에서 외정으로 전환했고, 과거의 정한론자들도 조선 정벌을 주장하고 나섰다. 이 때문에 기도파와 민권파가 합의한 입헌제 조기 이행 계획은 좌절되었다. 운요호사건을 계기로 오쿠보는 기도, 이노우에 등 조슈 입헌파와 손을 잡았고, 오구마는 입헌제 문제를 동결했다. 내무경 오쿠보와 대장경 오구마는 대만 출병과 운요호사건을 계기로 군부의 지지도 얻었다.

한편, 기도파와 절연한 민권파는 반체제파로 몰렸으며, 사족이나 호농의 강력한 지지를 얻지도 못했다. 사족 대부분이 정한파로 국회 개설에는 관심이 없었고, 현(縣) 지사들도 민회 설치보다는 지역 개발에 필요한 국고 지원에 관심이 있었다.

식산흥업과 군사 정책

상황은 내치에 유리하게 전개되었다. 정한 논쟁과 대외 문제가 일단락되자 내무경 오쿠보는 '식산흥업', 즉 산업 정책을 추진했다. 신정부는 부국강병을 위한 경제적 기초를 구축하는 데 힘썼다. 신정부는 경제생활을 제약하는 봉건적 요소들을 없애는 조치들을 취했다. 봉건제도를 없애고, 사유재산제를 실시했으며, 영업 활동의 자유를 허용했다. 또한 식산흥업에 필요한 재원을 확보하기 위해 '질록(秩祿) 처분'과 '지조(地租) 개정'을 시행했다. 질록 처분은 약 45만 명에 이르는 화족과 사족의 봉록을 몇 년치 공채로 지급하는 것이다. 지조 개정은 농지의 수확고를 기준으로 땅값을 정하고 땅값의 3%의 토지세를 금납으로 내도록 한 것이다. 농민들은 지조 개정에 반발했고, 사족들은 질록 처분에 저항했다. 신정부는 토지세를 2.5%로 낮추어 농민의 반발을 무마했지만 사족들의 저항에는 강경하게 대처했다. 유신 이후 몰락의 길을 걸었던 사족들의 불만은 마침내 반란으로 나타났다. 1877년 사족들의 입장을 대변한 사이고 다카모리는 가고시마의 옛 군인들을 이끌고 세이난(西南) 전쟁을 일으켰다. 그러나 반란군은 정부군에 패했고, 사이고는 자결했다. 이 반란을 계기로 유신 정부의 서구화 정책에 반대했던 옛 군인층은 완전히 해체되었다.[26]

산업 정책은 경제생활에서뿐 아니라 군사에서도 강구되었다. 막부가 무너진 것도 열강의 군사적 위협에서 촉발되었고, 메이지유신이 성립된 것도 열강의 군사적 위협에 대응할 수 있는 국가를 만드는 것이 목표였다. 군사력 증강은 유신 정부의 주요 과제 가운데 하나였다. 기도 다카요시는 국방 책임자인 병부대보 오무라 마스지로(大村益次郎)에게 유신의 성과를 올리고 '황위'를 해외에 빛내려면 국가 예산의 6할을 군사력에 사용해야 한다고 주장할 정도였다.

신정부는 도쿄 포병 공장, 오사카 포병 공장, 이시카와지마 (石川島) 조선소, 요코스카(橫須賀) 해군 공장 등을 직접 관리했다. 또한 군사적 목적을 위해 1869년에는 전신 사업과 우편 사업을, 1872년에는 철도 사업을 추진했고, 민간의 조선업과 해운업을 지원했다.

입헌 체제와 천황제 국가

메이지유신은 입헌 체제를 구축하면서 일단 개혁을 마무리할 수 있었다. 1880년대 초반 자유민권운동은 괴멸 상태에 빠졌다. 1881년 천황 칙어를 통해 번벌 정부가 국회 개설을 약속했기 때문에 운동력은 떨어질 수밖에 없었다. 여기에 번벌 정부의 탄압과 불황에 따른 재정 부족이 더해졌다. 1884년에 자유당은 자진 해산했고, 개진당도 당수 오쿠마 시게노부가 당을 떠나면서 유명무실해졌다. 그러자 번벌 정부는 국회 개설에 대비해 1885년에 내각제를 채택했다. 하지만 번벌 정부의 실체가 바뀐 것은 아니었다. 1885년에 성립한 제1차 이토 히로부미 내각 이래 내각 대신들은 번벌 출신자나 추종자들로 채워졌다.

그런데 1886년 경제 불황에서 벗어나고 국회 개설일이 가까워지면서 자유민권운동이 다시 부활했다. 조약 개정 문제를 둘러싼 국내 분규가 계기였다. 치외법권과 관세자주권 문제는 개국 이래 줄곧 민족의 자존심을 건드린 사안이었고, 산업화와 부국강병이 진행되면서 해외 저가품 유입을 허용하는 관세 자주권 문제는 쟁점이 될 수밖에 없었다. 하지만 조약 개정 문제는 기본적으로 정치 사안이었다. 서양 국가들은 서양인의 내지잡거(內地雜居)를 허용하고 토지 소유를 인정해주는 등 대항 조처를 취해주지 않는 한 양보할 리 없었고, 국민들은 조건 없는 관세자주권 회복과 치외법권 폐지를 원했다. 자유민권파는 국민의 불만을 이용해 정부를 압박했다.

이노우에 가오루 외상은 비판 여론과 민권파의 저항에 굴복해 사직했다. 이토 내각은 조약 개정 교섭을 연기할 것이라고 선언했다. 하지만 구로다 기요타가(黒田淸隆) 차기 내각에서도 오쿠마 시게노부 외상의 조약 개정안은 여론과 자유민권파의 반대에 부딪혔다. 게다가 오쿠마 외상이 피습을 당해 내각이 전부 사직하고 말았다. 차기 야마가타 내각은 오쿠마 안을 철회하고 철저한 준비 없이는 조약 개정 교섭을 진행하지 않겠다고 선언했다.

구로다 내각이 무너진 1889년에 흠정헌법이 공포되었다. 헌법 초안은 이토 히로부미가 주도했고, 이노우에 고와시(井上毅)가 실무를 맡아 실질적인 준비를 했다. 이노우에는 프러시아헌법을 본보기로 삼았고, 법률 고문 뢰슬러(Herman Rösler)와 모세(Ilberto Mosse)의 의견을 참고했다. 이토는 흠정헌법의 취지를 살려 자신의 구상으로 신설된 추밀원의 심의를 거치게 했다. 추밀원은 '국가의 원훈 및 유식자'를 망라한 회의체였고, 추밀원의 고문관 자리는 사쓰마·조슈·도사·히젠 번 출신자들이 차지했다. 결국 메이지유신의 주역들인 번벌 세력이 입헌 체제를 완성한 셈이다. 헌법 초안은 1888년 추밀원에 상정되었고 내용을 조금 고친 뒤 1889년 '대일본제국헌법'이 공포되었다. 왕정복고 뒤 20여 년이 지난 시점이었다.

제국헌법은 천황의 강력한 대권을 규정했다. 선전, 강화 및 조약 체결은 천황의 대권에 속했다. 무엇보다 천황은 법률에 저촉되지 않는 한 "공공의 안녕과 질서를 지키고, 신민의 행복을 증진하는 데 필요한 명령을 하거나 또는 알리"는 권한을 갖게 되었다. 또한 황위 계승과 섭정에 관한 황실 전범은 국법의 효력을 갖게 되었다. 그리고 천황의 통수권은 국무대신의 보필을 벗어나는 권한으로 규정되었다.

한편, 제국의회의 권한은 상당히 제한되었다. 예산의결권이 제국의회의 중요한 권한이었지만, 이마저 예산안이 성립되지 않을 경우에 정부가 전년도 예산을 준행할 수 있었다.

'대일본제국'은 겉으로는 입헌군주제의 모습을 갖추었지만, 천황이 강력한 권한을 가짐으로써 절대주의 요소를 강하게 내포하고 있었다. 바로 '천황제 국가'가 성립한 것이다. 1890년에 발포한 '교육 칙어'는 천황제 국가의 윤리 이데올로기를 제공했다.

입헌 체제는 유신 관료들의 구상에 따라 진행되었다. 헌법 제정을 약속한 1881년의 칙어가 자유민권운동의 압력에서 나왔기 때문에 자유민권파가 입헌 체제를 쟁취한 측면도 없지는 않았다. 그러나 번벌 지도자들이 칙어 발포 이전에 이미 입헌정에 관한 구상을 세웠고, 민권파가 즉시 국회를 개설하자고 요구했지만 국회 개설을 9년 뒤로 늦추었다. 또한 자유민권파는 영국식 입헌정을 본보기로 삼았지만, 번벌 정부는 프러시아 본보기를 선택했다. 번벌 세력은 별 양보 없이 자기들 구상대로 추진했던 것이다. 번벌 세력은 외국인 법률 고문의 의견을 구하면서 자신들의 헌법 구상을 구현했다. 더구나 제국 헌법은 천황만이 헌법 개정 발안권을 갖는 것으로 규정함으로써 향후 민권파가 개정을 요구할 여지를 허용하지 않았다.

한편, 1888년에 시(市)제와 정촌(町村)제, 1890년에 부현제와 군(郡)제가 제정되면서 지방자치제의 성립도 일단락되었다. 다만 법률로 허용된 지방자치의 범위는 아주 좁았고, 지방단체는 중앙정부와 중앙정부가 임명한 부현 지사의 감독과 통제를 받았다.[27]

메이지 사상: 국가, 사회, 내셔널리즘

'천지의 공도'와 '천황'

막부 말기의 개국이 국제사회가 일본을 여는 '외적 개국'이었다면, 메이지유신은 안을 밖에 여는 '내적 개국'이었다. 밖이 안을 억지로 열고자 했을 때 이를 거부하는 양이 정책은 성립될 수 있지만, 안이 자율적으로 밖에 열고자 했을 때 양이정책은 포기할 수밖에 없다.

메이지유신은 아주 다른 두 사상이 엇갈리면서 전개되었다.

존왕양이론은 정치적 정점(천황)을 향한 집중으로 나타났고, 공의여론은 정치적 저변(서민)을 향한 확대로 표출되었다. 존왕론을 계승한 정치적 집중 원리는 국내에서는 중앙집권적 통일국가 건설의 요소가 되었고, 대외적으로는 국권 확장을 꾀하는 국권론으로 발전했다. 반면, 정치가 저변으로 확대되는 것을 지향한 공의여론 사상은 「5개조 서문(誓文)」에서 만기공론(萬機公論)이 되어 자유민권론으로 발전했으며 헌법 제정으로 이어졌다. 국권론과 민권론은 서로 엇갈리면서 전개되었다.[28] 다만 두 사상은 대등한 결합이 아니라 민권보다 국권이 우선하는 형태의 조화였다. 양자의 결합 과정은 정치 대립과 긴장을 불러왔지만, 현실을 움직이는 역동성을 제공했다. '천황'과 '공의'는 메이지유신의 주체들이 설정한 근대 문명의 수용과 부국강병의 실현이라는 국가 목표에 흡수되었다.

　신정부는 정권을 장악하자마자 천황의 서한 형태를 빌려 '개국화친'의 방침을 선언했다(1868년 정월). "사견을 버리고 공의를 채용하는" '상하가 마음을 합치는' 정치를 지향하고, 대외 관계는 '우내의 공법(만국공법)'에 따른다는 내용이었다. 작성한 사람은 기도 다카요시였다. 신정부가 천황의 명의로 선언한 「5개조 서문」에서도 "널리 회의(會議)를 일으키고 만기(萬機)는 공론으로 결정할" 것, "상하가 마음을 합치는" 정치를 행하고, 모든 서민이 각자의 뜻을 펼 수 있도록 "예전부터 내려오는 나쁜 관습을 없애고 천지의 공도(公道)를 바탕으로 한" 정치를 행할 것, 아울러 "지식을 세계에서 구하고 크게 황기

(皇基)를 떨쳐 일으킨다"는 원칙이 표명되었다. '만기공론'은 할거 정치를 배제하고 '공의' 정치를 지향한다는 의지를 상징하는 것이었다. '천지의 공도'는 외국 세력을 배척하는 행동을 하지 않는 것이며, 일본의 대외 정책을 세계의 보편적 원칙에 맞추겠다는 국제화 의지를 담은 것이었다.29)

'천지의 공도'와 '공론'은 유교 관념과 연관된다. 이미 쇄국과 양이의 맥락에서도 국제 관계를 규율하는 보편 원리로서 '천지의 정리(横井小楠)' '세계 보통의 도리(福澤諭吉)' 등이 제시된 바 있다. 이것은 만국공법(국제법)보다는 '도'와 '리'라는 유교의 보편 원리에 가까운 것이다. 메이지유신 이후 '개국화친'의 맥락에 들면 유학자이자 계몽사상가인 나카무라 게이우(中村敬宇)에서 보듯이, 천지의 공도 관념을 기반으로 하여 만국공법을 세계 평화 실현을 위한 보편적 기제로 인식하는 경향도 나타났다. 유학자 모토다 에이후(元田永孚)는 서양에 대항하기 위한 동아시아 수준의 '공의대도(公義大道)'를 상정했다. '천리'와 '천도' 관념은 주권국가 체제의 규범인 국제법과 결합하면서 주권국가 체제의 권력정치적 속성을 비판하는 규준으로 상정되었던 것이다. 천지의 공도는 국가의 사사로움이 앞서는 '만국대치' 상태를 극복할 규범으로 상상할 수 있는 여지가 있었다. 막부 말기의 공의여론은 이렇게 계승되었다.

공론은 왕정복고와 내란(무신전쟁)을 거치면서 아래까지 확산되었다. 일부 민중들은 자발적으로 공론의 담당자가 되고자 했다. 도사 번은 대정봉환 건백서에서 서민의 공론 참여를 요구했고, '왕정복고의 대호령'도 신분을 초월한 '공의'의 존재를 상정했다. 민중적 공의여론의 영향으로 1869년부터 10여 년 동안 수많은 번의회와 지방민회가 탄생했고, 이를 통해 민중적 공의여론이 형성되었다. 자유민권론은 이러한 공론을 기반으로 해서 싹 텄다.

한편, 국제화 선언에는 천지의 공도 관념뿐 아니라 천황 상징도 실려 있었다. 일군만민(혹은 존왕양이) 사상을 계승한 천황 상징이었다. 「5개조 서문」에서 '천황친정(天皇親政)'의 통일국가는 천황이 천지신명에게 서약하는 형태로 나타났다. 천황은 하늘에 대한 서약의 주체이자 위와 아래가 하나되는 정치의 주체로 상정되었다. 이러한 천황의 이중적 주체성은 유신 세력들이 창조한 전통이었다. 메이지 정부는 위에서 주도해서 국가를 창출하기 위해 천황 상징을 동원했다. 이것은 왕정복고 때와 비슷했다. 천황은 정부의 실권자들이 국민국가를 실현하고 권력을 행사하는 데 필요한 정치적 상징이었다. 천황은 메이지 국가의 중앙집권성과 통일성을 유도하는 정치적 정점의 기능을 했다.

정치적 정점으로서의 천황은 상징 조작을 경험해야 했다. 천황은 대일본제국헌법 속에 구현됨으로써 국가 체제에서 정치적 상징성을 강화했고, 자신을 국민들에게 드러내는 순행(巡幸)을 통해 문화 통합의 상징성도 높였다. 또한 유신 정부는 신도를 국가 종교(국가 신도)로 만들어 천황의 종교적 상징성을 강화했고, 「교육칙어」를 각급 학교에 강제함으로써 천황에 대한 충성심을 기르고, 천황 상징을 인민들의 마음속에 내면화시켰다. 대일본제국헌법의 성립은 천황이 정치와 문화의 상징일 뿐 아니라 천황제 국가의 요체로서 제도화되었음을 의미한다.

입헌군주제와 천황제는 유신 권력자들의 국가 구상에서 나온 정치적 산물이었지만, 일단 제도화되자 국가 통합의 단순한 상징을 넘어 제도적 실체, 혹은 절대 충성의 대상으로서 일본인들의 마음속에 내면화되어갔다. 천황의 가치를 절대시하고, 천황에 대한 충성을 극단적 내셔널리즘과 과격한 정치 행위로 표현하는 정치 문화도 나타났다. 일군만민 이념은 사상의 영역을 넘어 천황제라는 정치제도 속에 구현되었고, 천황제는 일군만민 이념의 내재화를 제도적으로 보장해주었다.

만국대치와 부국강병

물론 메이지 개혁이 근대적 제도의 형성과 천황 상징으로만 추동된 것은 아니다. 개혁은 유신 지도자들의 권력 관념과 권력투쟁의 소산이기도 했다. 「5개조 서문」에서 천지의 공도를 표방한 것은 어디까지나 원칙과 명분을 표현한 것이었다. 유신 지도자들의 통일국가와 근대 국가 구상은 국제사회를 만국대치(萬國對峙)의 홉스적 투쟁 상태로 보는 국제정치관에서 나왔다. "해외 만국은 각기 자국으로 하여금 타국 위에 서고자 한다. (중략) 해외 만국은 모두 우리 황국의 공적(公敵)"이라는 인식이다(이와쿠라 도모미). 만국대치와 만국개적(萬國皆敵)의 국제질서관은 메이지 지도자들이 국가적 과제를 상정하는 전제였다. 이러한 국제질서관은 18세기 말에서 19세기 초 대외 위기를 감지하면서 부국강병을 내세운 것과 비슷했다.

천지의 공도를 말하면서도 유신 지도자들의 마음속에는 만국대치의 국제사회관이 통일국가의 완성과 근대국가의 형성을 추동하는 에토스로 작용했다. 후쿠자와 유키치(福澤諭吉)도 겉으로는 평등한 교제로 보이는 국제 관계가 실제는 권력투쟁이 작동하는 '원수의 도량' 같은 것임을 읽고 있었다. 원수의 도량에서 살아남는 길은 부국강병이었다. 만국대치의 투쟁심은 메이지유신 개혁 과정에서 국내의 권력투쟁으로 옮겨 갔다. 대외 문제(조선·대만 문제)는 국내 대치, 즉 권력투쟁이 밖으로 투사된 것이다. 청일전쟁은 만국대치의 투쟁심이 동아시아 지역에 투사된 것이다.

유신 지도자들은 현실주의에 입각해 정책을 만들고 집행했다. 정치적 현실주의를 지탱한 것은 관료제와 관료주의였다. 정치 지도자들은 이상주의자들이 정부를 비판하는 것에 아랑곳 하지 않고 강력한 관료 체제를 구축해 가는 한편, 국가주도의 개혁을 추진했다. 개량된 유신 지도자들은 시대의 '세'와 '인심'에 세심한 주의를 기울였다. 권력이 집중되려면 민심이 뒷받침되어야 한다는 사실을 잊지 않았고, 민심을 장악하는 방식에도 유의했다. 그들은 근대국가와 국민 통합의 전망과 사려, 그리고 이를 실천하려는 결단의 행위를 보여주었다. 때로는 반대하는 자들을 유인하면서, 때로는 탄압하면서 정책을 실천해 나갔다. 대일본제국헌법의 성립과 국회 개설은 자유민권파들의 집요한 요구에 부응한 부분도 있지만, 대체로 정부 지도자들의 기획과 구상에 따라 진행되었다. 강병을 실천하기 위해 정치적 반대자들을 탄압하기도 하고, 언론 통제(신문지 조례법)도 마다하지 않았다. 정치적 현실주의는 상황을 읽는 정치적 민감성과 부국강병에 대한 의지 그리고 '번벌 전제' 세력들의 권력투쟁 위에서 성립했다.

부국강병은 메이지 지도자들의 정치적 현실주의에 적합한 정책이기도 했다. 부국강병은 주권국가 체제에 맞는 국민국가를 건설하고, 국가 주권과 국민의 생존을 확보하기 위해 우선적으로 설정한 국가 과제였다. 번벌 세력의 부국강병관은 '강병'을 중시하는 것이었다. '부국'(혹은 '부민')과 '강병'은 상호 보완적이지만 구별되는 개념이었다. 1880년대 메이지 정부가 강병책을 추진했을 때 강병우선론(국가 우선의 개혁)과 부국우선론(인민 우선의 개혁)이 치열하게 대립했다. 군사 정책을 주도한 군인 정치가 야마가타 아리토모(山縣有朋)는 징병령 시행, 참모본부 설치, '군인칙유' 제정 등 일련의 군제 개혁을 주도했다. 그는 "만일 부국은 본(本)이고 강병은 말(末)이라 한다면, 민심은 날로 사리(私利)를 좇게 되어 공리(公利)가 있는 바를 알지 못할 것"이라 말했다. 인민의 불만은 억압해도 상관없으므로 징세를 강화해 군비 확장을 추진해야 한다는 주장을 폈다.

반면, 자유민권론자들은 부국우선론을 표방했다. 나카에 조민(中江兆民)은 강병은 인민을 탄압하는 것이고, "부국과 강병 둘은 천하에서 서로 가장 용납하기 어려운 것"이므로 양자를 동시에 추구할 수는 없다고 주장했다. 이 주장은 '병(兵)'과 '강병'을 '불인(不仁)'으로 보는 유학적 사유, 그리고 "정부는 인민의 하늘이 아니다. 인민은 정리(正理)로써 하늘을 삼아야 한다"는 정치관에서 나왔다.30)

현실주의 정치관은 1880년대 조선을 둘러싸고 청국과 외교 문제에 봉착했을 당시 지식인들의 일반적인 국제정치관이었다. 일찍이 '세계 보통의 도리'라는 윤리 원칙을 제시한 후쿠자와 유키치는 도덕과 정치를 일치시키는 '유교주의'를 통렬히 비판하면서 "전쟁은 독립국의 권의(權義)를 신장하는 술책이며, 무역은 나라의 빛을 발하는 징후"31)로 보는 권력정치론적 국제정치관을 강력히 제시했다. 청일전쟁을 수행했던 무쓰 무네미쓰(陸奧宗光) 외상도 "병력이 후원하지 않는 외교는 어떠한 정리(正理)에 근거할지라도 결국에는 실패를 면하지 못한다"는 강병 중시의 권력정치관을 갖고 있었다. 부국론은 유교 민본주의에 입각한 데 비해, 강병론은 근대적 권력정치론과 결부되어 있었다. 이 주장은 근대국가 형성 과정에서 나타난 일군만민론과 공의여론의 변용이라 할 수 있다. 부국과 강병 사이의 긴장은 천황제 국가의 성립(대일본제국헌법의 성립)과 청일전쟁을 거치면서 약화되었다.

계몽과 자유민권

국가의 독립과 부강이라는 메이지 국가의 과제는 이에 걸맞는 인간상의 창출을 필요로 했다. '계몽'은 근대 일본의 국가와 사회를 구성하는 인간을 창출하는 행위였다. 메이지 지도자들은 이미 유신 초기에 이 과제를 인식하고 있었다. 기도 다카요시는 1867년에 "원래 나라의 부강은 인민의 부강이며 일반 인민이 무식 빈약의 지경을 벗어나지 못할 때는 왕정 유신의 아름다운 이름도 완전히 공허한 이름이며, 세계 부강 국가에 대치(對峙)한다는 목적도 반드시 그 실질을 잃어버릴 것이다"라고 주장한 바 있다. 오쿠보 도시미치도 1869년 건의서에서 구미 국가들을 배워 '문명개화의 교육'을 시행하고, 학제와 '양행유학(洋行遊學)의 법'을 만들어 인재를 양성하는 것이 가장 급하다고 주장했다.[32] 왕정복고 때부터 인민의 교육과 문명개화가 독립과 부강의 조건임을 인식한 것이다. 이미 막부 말기에 이토 히로부미를 포함한 많은 유학생들이 유럽의 문명과 학술을 경험했다. 문명개화를 위한 서구화 정책은 이러한 경험에 토대를 둔 것이었다.

메이지 계몽은 일본인들의 정체성 준거를 유교 문명에서 서구 문명으로 바꾸는 계기가 되었다. 계몽 활동은 1873년 모리 아리노리(森有禮)가 제안하여 결성된 명륙사明六社가 중심이었다. 니시무라 시게키(西村茂樹), 후쿠자와 유키치, 나카무라 게이우, 가토 히로유키(加藤弘之), 쓰다 마미치(津田眞道), 니시 아마네(西周) 등이 가담했다. 이들은 기관지 『명륙잡지』(1874.3.~1875.11. 총 43호)에 실은 논설을 통해 정치에서 독립한 학문과 문화의 독자적 영역과 가치를 주장했고, 관념적인 궁리가 아닌 실제를 기반으로 한 궁리, 즉 실학적 정신을 강조했다.[33]

계몽 지식인들은 전통과 관습에 구애받지 않는 자유로운 정신과 유연한 사고를 갖고 있었다. 니시 아마네나 니시무라 시게키는 적을 적대적이고 이질적인 존재로 보지 않고 대립하고 경쟁하는 같은 인간으로 보았다. 그리고 대립 속에서 질서 형성과 진보의 가능성을 찾았다. 니시무라는 정치적 대항자인 적과 도덕적 배반자인 적을 구별해야 한다고 주장했다. 후쿠자와 유키치는 '다사쟁론(多事諍論)'을 '자유 기풍'의 조건이라 보았다.

계몽 지식인들은 경험과 사실에 입각해 현상을 이해하는 공리주의적 사고를 했다. 쓰다 마미치는 인간의 욕망이 지식을 발전시키고 행복을 증진한다고 보았다. 후쿠자와는 '사리'를 '공익'의 기초로 여겼고, 니시도 '사욕'을 인간의 본질이며 '진심'이라 보았다. 개인의 욕망과 이익을 인정하는 인간관은 유교적 금욕주의와 규범주의로부터 해방을 의도한 것이다. 또한 군주제, 귀족제, 공화제 등 정치체제는 그 우열보다는 국가의 역사와 발전 정도, 편리성에 따라 선택해야 한다고 보았다. 실학적 사고, 실용적 사고, 공리주의적 사고, 자유로운 발상, 실험정신, 이질적 타자의 용인 등은 메이지 계몽사상의 특징이었다.[34]

계몽사상가들은 대부분 막부 말기에 태어난 40대나 50대 '노인들(도쿠토미 소호)'이었다. 유학을 배웠거나 유자(儒者)로서 막부 교습소인 개성소(開成所)의 교수를 역임한 자들이 많았다. 또한 유럽에 유학을 다녀오기도 했다. 그들은 봉건 세계와 근대 세계를 함께 경험한, "한 몸으로 두 세상을 산(후쿠자와 유키치)" 자들이었다. 메이지 계몽은 자유주의 정신을 보였지만, 국가 부강에 부합하는 인민 내지는 국민을 만드는 것을 모색했기 때문에 보수적 측면도 강했다. 계몽의 실학적 정신은 국민들의 생활이 향상되는 것을 국력의 기반으로 보는 국가적 요청에 부응한 것이었다. 인민은 계몽의 대상인 '우민(愚民)'으로 여겨졌다. 여기서 정치 주체로서의 개인의 탄생은 쉽지 않았다. 그들은 개인의 자유와 권리를 주장한 자유민권운동과 사상에 유보적이었고, 국회를 일찍 개설하는 것에 비판적이었다. 가토 히로유키는 천부인권 사상을 주장하다가 1880년대 들어서는 '권리는 하늘에서 개인에게 부여한 것이 아니라 권력이 인정해야만 권리가 된다'는 국권론으로 전향했다. 이는 메이지 계몽의 취약성을 잘 보여준 사례다.

자유민권사상은 계몽사상의 한계를 극복하고 '번벌 전제' 정부에 대항해 개인의 자유와 권리를 확보하려 했던 자유주의 사상이었다. 가장 급진적인 우에키 에모리(植木枝盛)는 천부인권 사상을 바탕으로 개인의 자유와 권리를 주장했고, 인민을 탄압하는 전제 정부에 대해서는 저항권을 행사할 수 있다는 인민주권설을 주장했다. "인민은 정부의 노예가 아니다. 인민은 나라의 주인일 따름"(「자유민권설」)이라는 생각에서였다. 또한 "왜 국권을 위해 민권을 신장하는가? 민권을 신장하려는 것은 오로지 민권을 신장하기 위해서일 뿐이다. 국권을 신장하는 것 또한 민권을 위해 이를 신장할 따름이다"라고 말하면

서 민권을 국권보다 위에 놓았다. 우에키는 정부와 인민의 본질적인 이해와 대립을 강조했다.[35]

하지만 우에키는 예외적인 존재였다. 자유민권론자들은 인민의 자유와 권리를 옹호하고 전제적 정치권력에 비판적인 자유주의 정신을 가진 자들이었지만, 그들의 자유주의는 국가의 통일과 독립을 전제로 한 것이었다. 그들은 국회 개설을 통해 정치적 민주화를 도모했지만, 일본 국가의 통일과 독립이라는 목표에 종속되어 있었다. 자유민권론은 인민의 자유와 권리를 신장함으로써 정부와 인민의 일체화를 지향한 내셔널리즘의 한 형태였다.

자유민권운동은 번벌 전제 정부를 견제하는 정치적 저항 혹은 민주화운동이었지만, 몰락한 무사층과 유신 정부에서 소외된 도사·히젠 양 번 출신자들이 정치적 입지를 확보하고자 벌인 연합적인 정치 운동이었다는 점이 더 중요하다. 국회 개설 운동의 진의는 사쓰마와 조슈 출신 지도자들이 차지한 우월한 지위를 타파하는 것이었다. 자유민권운동은 국가의 통일과 독립을 상정한 것이었기에 정치권력에 따라 변질될 개연성이 있었다. 실제로 1880년대 동북아 국제 문제에 대한 자유민권론자들의 태도에서 보듯이, 자유민권은 '안(일본)'에서의 사상이었을 뿐, '밖(동북아)'에 대해서는 국권과 별 차이가 없는 내셔널리즘의 강한 동력이 되었다. 자유민권사상은 대일본제국헌법의 제정으로 전제적 요소가 강한 천황제 국가가 성립하면서 운동과 사상의 동력을 빠르게 떨어뜨리는 취약성을 드러냈다.

공공권과 공론

계몽사상과 자유민권사상은 사상의 근대성이 국가권력 앞에서 상당한 제약을 받는 취약성을 보였지만, 일본 국가와 사회에 문명과 사상의 근대적 기준들을 제공하고 근대 사회로 이행하는 것을 촉구했다는 점은 중대한 의미를 갖는다. 더 주목할 것은 서양 근대 문명과 사상을 받아들이고 전파하는 과정에서 민간 영역에서 많은 대중매체들이 탄생해서 활발한 언론 활동을 펼쳤다는 사실이다. 지식인들뿐 아니라 대중들이 정치적 의견들을 개진할 수 있는 공공권(공공 영역, public sphere) 혹은 사회 영역이 형성되고 있었다.

계몽사상과 자유민권사상의 확산은 지식인들의 토론, 결사 단체들의 활동, 지식인들의 주장들을 전파하는 연설(가두 연설, 실내 연설), 그리고 지식인들의 주장(논설)과 일반 독자들의 의견(독자 투고)을 전달하는 언론매체, 특히 신문을 통해 이루어졌다. 봉건 체제의 언론 형태와는 전혀 다른 공론화 과정이 있는 공공권이 생겨난 것이다. 권위가 언설과 행위들을 규율하는 것이 아니라 새로운 상호 소통을 통해 견해와 주장들이 개진되고 교환되는 사회 영역, 다시 말해 후쿠자와 유키치가 말하는 '다사쟁론' '인간 교제(후쿠자와 유키치가 'society'를 번역한 단어)'의 공간이었다. 계몽사상의 과제가 명륙사의 언론 활동과 연설을 통해 '인간 교제' 즉 사회의 모습을 제공하는 것이었다면, 자유민권사상의 임무는 민권파 결사체들의 운동(정치 활동)과 민권파 언론매체를 통해 국가에 대항하는 공론장으로서의 사회 영역을 생성하는 것이었다. 특히 민권파 신문들(「郵便報知新聞」「東京曙新聞」「朝野新聞」「横浜毎日新聞」 등)은 민선의회 개설 시기와 주권 소재를 둘러싸고 관변 신문(「東京日日新聞」)과 활발한 논쟁을 벌였다. 공의여론은 대중매체를 매개로 대중들이 참여하는 사회 영역의 공론으로 변모했다.

계몽과 자유민권사상을 자극한 또 다른 매체는 서양 근대의 법 제도와 사상을 소개하는 번역서와 저작물이었다. 밀, 몽테스키외, 루소, 스펜서 등 근대 사상가들의 책들이 번역되었다.36) 특히 벤담의 공리주의, 밀의 자유주의, 그리고 스펜서의 사회진화론이 큰 영향을 미쳤다. 자유민권론자들은 이들의 사상을 받아들이면서 정치 운동 이념의 차원에서 벗어나 이론과 철학을 더 깊이 연구할 수 있었다. 특히 나카에 조민(中江兆民)은 루소의 철학을 소개해서 이러한 경향에 도움을 주었다. 후쿠자와 유키치의 『서양사정』『학문의 권장』『문명론의 개략』과 도쿠토미 소호(德富蘇峰)의 『장래의 일본』은 수십만의 독자를 확보하는 대중성을 보였다. 후쿠자와의 문명론이 유럽 근대 문명을 주체적으로 받아들여서 일본 사회의 문명개화와 근대 사회 형성을 모색했다면, 도쿠토미의 평민주의는 평민의 자유와 주체성을 바탕으로 자유주의적 사회 영역을 창출하고자 했다.

메이지 공공권의 탄생은 인민들의 정치 언설이 유통하는, 나아가 정부의 관료주의적 권위와 국가 정책에 대항하는 사회적 공론장이 형성되고 있었음을 뜻한다. 도쿠가와 막번 체제의 경우, 공론이나 공공성의 근원은 전국 단위에서는 막부(公儀)의 권위, 번 단위에서는 번주의 권위에 있었다. 막부 말기 정치 변동기에 공론은 번주들의 공통 의견인 공의여론으로 바뀌었고, 천황의 상징 권력이 공론의 근거로 떠올랐다. 이제 메이지의 공공권에서 공론은 일반 독자, 활동가, 지식인이 참여해서 만들어내는 여론을 가리키게 되었다.

그러나 이러한 공공권의 출현이 시민사회의 성립을 의미하지는 않았다. 메이지 관료제와 천황제 국가는 '시민'보다는 '신민臣民'을 원했다. 유신 지도자들의 국가 구상과 정치권력은 개인의 자유와 권리를 구속했고, 사회 영역의 공론 형성을 방해했다.

내셔널리즘

이 때문에 메이지 사회의 공공권은 온전하지 못했다. 메이지의 사회 영역은 관료주의와 내셔널리즘이 규정했다. 관료주의와 내셔널리즘은 메이지 국민국가의 성립을 추동한 이념이었다. 일본 전통에는 관료적 규범과 효율성을 중시하는 관료의 합리주의와, 관료주의를 경계하면서 순수하고 참된 인간 본성을 믿는 이상주의적 가치관이 있었는데, 이러한 유산은 메이지 국민국가를 추동하는 이념으로 작용했다.37) 그런데 메이지 관료주의(국권론)는 국가주의적 내셔널리즘의 경향을 띠었고, 이상주의적 가치관(민권론)은 관료주의가 만들어 내는 국가주의 틀 속에서 자유주의적 내셔널리즘의 경향을 띠었다.

그리하여 메이지 일본에서 국가주의와 자유주의는 내셔널리즘의 두 동력으로 작용했다. 자유민권파와 국권파는 '국민'의 구성 방식– 자유주의적인가 국가주의적인가, 또는 '개인' 지향적인가, '신민' 지향적인가– 을 둘러싸고 비록 견해는 달랐지만 국민국가를 지향하는 점은 같았다. 국민국가가 천황제 국가로 귀결되었을 때 국가주의적 내셔널리즘과 자유주의적 내셔널리즘의 구분은 사라졌다.

막부 말기의 맹아적 내셔널리즘(proto-nationalism), 혹은 전기 前期적 내셔널리즘은 배타적 양이주의를 통해 일본의 자주독립을 확보하고 통일국가를 만들려는 운동과 이념이었다. 메이지 내셔널리즘은 우선 중앙집권의 통일국가를 달성하고 독립을 보전하려는 이념이자 운동이었다. 결국 문명개화를 통해 근대를 받아들이고, 천황제를 확립해 전통을 창조해서 일본형 국민국가, 즉 천황제 국가를 만드는 것으로 귀결되었다. 국민국가의 법 제도를 만든 주체는 유신 지도자들과 관료였다. 그들은 국민국가의 제도와 체제 이념을 만드는 작업을 했고, 천황제와 대일본제국헌법이 규정하는 국민국가의 정치체제를 창출했다. 다만 번벌 중심적 관료주의는 국민국가를 만들기 위해 강제로 개혁하는 것이 가능했지만 국민들이 자발적으로 참여하지 못하게 했다.

자유민권파들의 정치 비판은 이러한 관료주의에 대한 이상주의의 저항이었다. 자유민권론자들의 내셔널리즘은 '아래로부터의 내셔널리즘'이었고, 국권과 국민의 권리라는 두 요소의 균형 위에서 합리성과 건강성을 보일 수 있었다. 자유민권운동은 국가라는 가치에 종속됨으로써 개인의 자유와 권리를 기반으로 한 시민사회를 성장시키는 데 한계를 보였다. 하지만 정치적 가치를 선호하는 정치 운동이었기 때문에 유신 정부의 '위로부터의 내셔널리즘'에 대항하는 긴장감을 줄 수 있었다.

다만 '아래로부터의 내셔널리즘'은 관료주의와 국가 정책이 추동하는 '위로부터의 내셔널리즘'을 극복하지 못했고, 오히려 이를 보완하는 기능을 했다. 비단 자유민권운동에 국한된 양상은 아니었다. 1880년대 조선 문제를 둘러싸고 청나라와 일본의 경쟁은 공격적 내셔널리즘을 자극하는 환경을 제공했다. 이것은 후쿠자와 유키치의 「시사신보」 논설에 잘 나타나 있다. 동양 연대를 표방한 흥아회(興亞會)의 아시아주의는 겉으로는 지역주의의 모습을 하고 있지만, 실제로는 '위로부터의 내셔널리즘'을 보완하는 내셔널리즘의 한 형태였다. 탈아론(脫亞論)과 흥아론(興亞論)은 아시아 국가들에 대한 태도는 아주 달랐지만, 둘 다 메이지 내셔널리즘의 표현이었다.

한편, 1880년대 후반에 출현한 '일본주의'나 '국수주의'는 서구 지향적 문명개화에 반응한 또 다른 형태의 내셔널리즘이다. '일본주의'는 정치적 통일체로서의 일본을 지탱하는 통일된 문화에 대한 자각이었고, 서구 문명에 대한 비판 의식이었다. 일본주의의 출현은 '문화' 관념의 출현과 맞물려 있었다. 메이지 일본에서 '문화' 관념의 출현은 독일 내셔널리즘이 '문명'을 표방한 프랑스 내셔널리즘에 대항해 '문화' 개념을 내세웠던 것과 비슷했다. 일본은 문명개화로 보편적인 근대 '문명'이 내면화되는 가운데 '일본' '일본인'이라는 문화적 정체성을 자각한 것이다.

또한 동시에 국제정치 속에서 일본의 정치적 내셔널리즘을 모색하는 '국민주의'가 제시되기도 했다. 구가 가쓰난(陸羯南)의 '국민주의'는 일본의 특수한 가치에 의거한 배타적 내셔널리즘이 아니라 국제사회의 보편 원리에 의거한 국민국가를 지향하는 내셔널리즘이었다.

자유민권론자들의 자유주의적 내셔널리즘과 근대 문명에 대항해 나타난 '일본주의'나 '국수주의' 혹은 국제 관계에 대응한 '국민주의'는 정치적 혹은 문화적 긴장감이 있었다. 하지만 천황제 국가가 성립하고 청일전쟁을 거치면서 이러한 긴장감과 건강성을 잃어버리고, 국권론의 배타적이고 국가주의적인 내셔널리즘에 합류한다. 청일전쟁에 따른 '거국일치'의 상황은 배타적인 국민적 일체감(national identity)을 만들어냈고, 천황제 국가에 대한 귀속감(identity)을 크게 강화했다.

유신과 혁명 사이

국민적 통일과 난세적 혁명

근대 일본을 대표하는 언론인 도쿠토미 소호(德富蘇峰)는 다음과 같이 말하고 있다. "국외의 경보는 대외의 사상을 불러일으켰고, 대외의 사상은 국민적 정신을 발휘했으며, 국민적 정신은 국민적 통일을 고취했다. 국민적 통일과 봉건 할거는 결코 양립하는 것을 허용하지 않는다. 외국이라는 사상은 일본국이라는 관념을 자극했다. 일본이라는 관념이 생기는 날은 각번이라는 관념이 사라지는 날이다. 각번이라는 관념이 사라지는 날은 봉건사회가 전복되는 날이다."38) 도쿠토미는 메이지유신을 '봉건적 할거'를 뒤엎고 '국민적 통일'을 달성한 혁명으로 이해했다. '국외의 경보(대외 위협)'라는 국제 문제는 '국민적 정신'과 '국민적 통일'을 초래한 전제였다.

도쿠토미가 창설한 민우사(民友社) 동인인 재야 사학자 다케코시 요사부로(竹越與三郎)는 『신일본사』에서 메이지유신을 사회혁명으로 보았다. 그는 영국의 혁명을 '복고적 혁명', 프랑스와 미국의 혁명을 '이상적 혁명'으로 본 반면, 메이지유신은 "새로운 정부를 이상으로 한 이상적 혁명도 아니고 왕조를 회고하는 복고적 혁명도 아닌" '난세적 혁명'이라 보았다. '난세적 혁명'이란 "자유 쾌락의 광명이 없고, 오로지 억압의 참상으로 충만하고, 국민의 가슴속에도 이상이 없어 촌전암야와 같고, 뒤에도 희망이 없고 앞에도 광명이 없는 나라에서 이룬 혁명"으로, 도쿠가와 체제가 자기모순에 의해 '스스로' '토붕와해'한 사회혁명을 가리킨다. 그에게 대외 문제는 우연한 요소였고, '존왕' '양이' '토막' '공무합체' 등도 사회의 큰 변동이 표면에 나타난 '잡목 부초'에 불과했다. 근왕론이나 국체 관념도 혁명의 결과였을 뿐이다. 메이지유신의 본질은 계급을 없애고 진정한 국민이 탄생하는 '사회적 대변동' '빈부와 귀천이 뒤바뀐 대혁명'이었다.[39)

이처럼 도쿠토미와 다케코시는 견해는 서로 달랐지만 근대국가와 국민의 창출에서 유신의 혁명적 의미를 찾았다. 분명 통일국가 성립과 신분제 폐지는 메이지유신의 혁명적인 두 가지 현상이었다. 하지만 '사회적 혁명'이 도쿠가와 자체의 모순때문에 '스스로' 발생했다는 주장은 신분 폐지를 실현한 메이지유신의 혁명성을 강조하려는 생각에서 나온 것으로 보인다.

'일신'과 '어(御)일신'

다케코시의 이러한 해석은 메이지유신을 '아래로부터의 혁명'으로 보려는 심정과 관련이 있다. 왕정복고에 이르는 일련의 변혁 과정은 아래로부터 촉발되었다고 할 수 있다. 유신은 "초망으로부터 근왕의 주장이 일어나 맨 처음 낭사에서 시작해서 번사에 미쳤고, 번사에서 대부에 이르고, 대부에서 군후(君侯)에 미쳤으며, 마침내 초망의 발기 진력으로 날로 성대해지고 자연스럽게 복고한 것"이었다(「복고론」, 1868). 그 지향점은 "만민으로 하여금 창평고복(昌平鼓腹)의 낙을 이루며, 밤에 문을 닫지 않고, 길에 버려진 걸 줍지 않으며, 농사짓는 자는 이랑을 양보하고, 가는 자는 길을 양보하며, 자연의 선정을 이루고, 또한 외국의 무역을 왕성하게 하며, 나라를 부유하게 하고 병을 강하게 하며, 일본국을 세계 제일의 선국(善國)으로 만드는 것"이었다. 세상을 개혁해 평등 사회를 구현하려는 민중 운동과의 연관성을 생각할 수 있다.40)

하지만 왕정복고에 이르는 일련의 정치 과정에서 군사력을 동원해 복고와 유신을 주도한 자들은 무사 계급이었다. 국학이나 신도를 신봉한 자들은 천황을 상징으로 제시함으로써 일군만민의 존왕심을 불러일으킬 수는 있었다. 하지만 그러한 존왕심을 정치적 행동으로 연결한 자들은 도쿠가와 체제의 정치 주체였던 무사들이었다. 중앙 정치에서 소외되었던 지방의 하급 무사들은 천황 상징(다마=玉)을 이용해 옛 질서를 무너뜨리고 새로운 정치 질서를 창출하는 행동을 단행했다. 지방의 하급 무사들이 중앙 무사들을 전복하고 실질적인 정권을 장악했다는 점에서 유신은 쿠데타였다. 다만 정치적 행동을 아래에서부터 했다는 점에서는 '아래로부터의 변혁'이기도 했다. 당시 말로는 '일신(一新)'이었다.

메이지유신은 '어일신(御一新)'이기도 했다. '어일신'은 일신의 높임말로, 천황이 실행한 '위로부터의 일신'을 뜻한다. 「왕정복고의 대호령」이라는 천황의 공식 선언에서 보듯이 유신은 왕정을 회복한 천황이 집행하는 것이라는 인식이 있었다. 천황의 정치적 표상은 일군만민의 정치 이데올로기나 국학자들의 존왕론을 통해 만들어졌고, 초망지사들의 존왕심과 충성 행위를 통해 정치권력으로서 상징성을 갖게 되었다. '복고'는 '왕정'의 복고로서 천황이 정치권력을 갖는다는 이미지를 주었다. 메이지 개혁은 번벌 세력이 주도했지만, 메이지 천황을 개혁의 상징적 존재로 설정함으로써 불만 세력을 억제할 수 있었다. 이러한 장치는 '일신'이 '위로부터의 개혁'이라는 인상을 주었다.

유신과 혁명

'유신(維新)'은 『시경』「대아(大雅)」편의 "주나라는 비록 오래된 나라지만 그 명은 새롭다(周雖舊邦 其命維新)"라는 구절, 혹은 『서경』「하서(夏書)」편의 "예전에 물들어 더러운 풍속을 다 더불어 새롭게 한다(舊染汚俗 咸與惟新)"에서 나온 말이다. 과거의 "사물을 일신하여" 미래를 지향하는 것을 뜻한다.

메이지유신의 영어 표현은 레스토레이션(Restoration, 왕정복고) 이다. 레스토레이션은 새롭게 함(renewal), 부활(revival)에 가까운 뜻은 있지만, '유신'이란 말에 함축된 '새로운 방향을 향해 나아간다'는 뜻은 없다. 레스토레이션이라는 말은 메이지유신을 서구의 경우처럼 보수적 왕정복고로 오해하게 만들 수 있다. 일본의 천황은 왕위에서 쫓겨난 적도 없고 '부활'할 만한 권력을 가진 적도 없기 때문에 레스토레이션이라는 단어는 적절하지 않다.[41] 따라서 '복고(復古)'는 레스토레이션과 구분된다.

보수 지향적인 '상고(尙古)'와 달리 '복고'는 개혁 지향적이다. 유신은 복고의 형태로 진행되었지만 복고는 시간을 거슬러 올라가는 것이 아니라 "예전부터 내려오는 나쁜 관습을 없애는" 현실 개혁의 명분이었다. 19세기 일본에서 근본적인 개혁을 구상했을 때 복고라는 말을 동원해 개혁을 정당화하고자 했다.[42] 복고는 천황을 상징으로 한 개혁, 이른바 '일신(一新)'이라는 독특한 의미를 갖는다. 왕정 '복고'의 형태를 띤 유신은 천황과 관련된 과거의 기억과 미래의 전망이 집적된 것이라 할 수 있다.

천황은 상징적 존재였지만 분권적 막번 체제에서 중앙집권적 통일국가로 이행하는 과정에서 '다마(玉)'로서 현실 변혁의 상징으로 떠올랐다. 메이지 신정부는 '태정관(太政官)' '신기(神祇)' 등 고대 천황제의 직제와 직명을 부활했다. '왕정복고'라는 말은 이러한 점에서는 일정한 의미를 갖는다. 하지만 이 용어는 유신의 개혁적 혹은 혁명적 전환 과정을 외압에 대한 반사 행동으로 단순화할 위험성이 있다. 메이지 신정부의 유신은 혁명적인 것이었다. 유신 주체들이 막부를 타도하고 신정부를 세우는 왕정복고의 정치 과정은 쿠데타였지만, 신정부의 개혁은 정치체제를 바꾸는 것뿐 아니라 신분제 폐지, 군사 개혁, 학제 개편, 헌법 제정 등 사회 전반을 개혁한 일대 혁명이었다. 막부 말기 개혁이 군사적 대응력의 증대를 모색한 외형적 제도 개혁이었다면, 메이지 개혁은 근대 문명의 제도와 정신을 받아들이는 포괄적이고 광범위한 변혁이었다. 메이지유신은 '혁명적 개혁'이었다.

유신의 변혁은 권력 교체나 정치제도의 변혁뿐 아니라 정신적 변혁을 수반한 총체적인 혁명이었다. 혁명으로서의 메이지유신은 서구의 근대국가 형성 과정에서 혁명이 일어났던 것과 비슷했다. 17세기 영국의 청교도 혁명과 명예 혁명, 18세기 미국 독립 혁명 및 프랑스 혁명은 자본주의와 민주주의의 파도를 형성하면서 근대국가의 내적 조건을 만들어냈다. 이 파도는 19세기에 들어서면서 후발 국가들의 민족국가 형성을 촉구했다. 메이지유신도 세계사에서 이러한 혁명의 큰 흐름과 맥을 같이하는 것이었다.

하지만 메이지유신은 서구 근대 혁명들과 똑같지는 않았다.

메이지유신은 혁명이긴 했지만 계급 혁명도 아니었고 부르주아 혁명도 아니었다. 초망지사들의 변혁적 행동은 혁명에 가까웠지만 민중적이지는 않았다. 변혁의 주체는 지배층에 속한 하급 무사들이었다. 프랑스 혁명이나 러시아 혁명은 인민의 자유와 평등을 추구하는 엘리트가 지도했지만 인민의 힘이 정치 변동을 일으킨 '아래로부터의 혁명'이었으며, 봉건 지배계급에 대한 인민의 투쟁이었다. 반면, 메이지 신정부의 유신은 '위로부터의 혁명'이었다. 신정부는 문명개화와 부국강병이라는 목표를 달성하기 위해 토지 개혁, 신분제 폐지, 학제 및 징병제 실시 등 근대화를 단행했다. 신분제 폐지는 자유민권을 신장하는 것보다 부국강병을 위한 '국민의 창출'을 지향했다.

또한 서구의 혁명들이 유혈혁명이었던 데 비해, 일본의 왕정복고는, 비록 정치적 암살이나 옛 막부군이 저항을 하긴 했지만 거의 무혈혁명에 가까웠다. 에도 성의 문이 열린 것은 사이고 다카모리와 가쓰 가이슈(勝海舟)가 평화롭게 담판을 해서 이루어졌다. 서구의 근대 혁명들은 계급투쟁을 한 결과 많은 희생자를 냈지만, 메이지유신은 무사들의 쿠데타였고, 계급 폐지는 개혁의 결과로 이루어졌다. 도쿠가와 봉건체제에서 근대 국민국가로 이행하는 혁명적 변혁 과정에서 생길 수도 있는 희생과 부작용은 왕정복고와 천황 상징으로 완화될 수 있었다. 천황 상징은 '만세일계(萬世一系)'로 표현되는 천황의 연속성과 우월성에 대한 신념, 그리고 맹자적 역성혁명에 대한 부정적 인식으로 담보할 수 있었다.

메이지유신은 도쿠가와 정권과 막번 체제의 봉건적 모순을 해결하려는 혁명으로 전개되었다기보다는 개혁을 하는 과정에서 다양한 요인들이 복합적으로 작용하면서 나타난 것이다. 외압에 대한 방위 구조를 다시 구축하려고 시도한 메이지 개혁과 근대국가의 형성은 상반되는 두 동력이 서로 대립하고 보완하는 가운데 전개되었다. 우선 첫째 동력은 전통(복고)과 근대(진보) 간의 긴장과 결합에서 생긴 동력이다. 메이지유신은 일본의 전통문화를 끌어내 이념화하고 일본의 내셔널리티를 창출하는 역할을 한 이념과 서구 근대국가와 근대 문명을 지향하는 이념이 교착하면서 전개되었다.

메이지유신은 존왕양이와 문명개화, 존왕근왕주의와 구주 자유주의(加藤弘之), 근왕의 기(氣)와 개화의 진보(田口卯吉), 복고와 진보, 보수적·귀족적·쇄국적 정신과 진보적·평민적·개국적 정신(德富蘇峰), 신정(神政)적 구감정과 민주적 신사상(木下尚江) 등으로 불린, 막부 말기의 일군만민과 공의여론에 연속한, 이원적인 지도 이념이 서로 대립하고 결합하는 것을 통해 개혁의 역동성을 만들어냈다.[43]

또 다른 유신의 동력은 '위로부터의 개혁 정책'과 '아래로부터의 개혁 요구'의 상호 작용이었다. 유신 지도자들의 전제적 정책과 이에 대항하는 재야 세력들(자유민권파)의 정치적 요구는 서로의 권력 의지를 내장한 것이었고, 양측의 권력 지향성과 이를 포장한 정치 이념은 개혁 과정에 긴장감과 역동성을 주었다.

메이지유신의 빛과 그림자

유신의 조건들

메이지유신은 새로운 정치체제와 새로운 사회를 구축하는 작업이었다. 메이지 지도자들이 창출한 국민국가인 천황제 국가는 관료주의가 만들어낸 권력 국가였고, 국가주의의 색채를 강하게 띤 공동체 국가였다. 메이지 국가는 일본 역사에서 정치적 통합성이 가장 강한 국가였다. 이러한 관료주의와 공동체 국가의 틀 속에서 개인과 사회가 탄생했고, 내셔널리즘이 출현했다. 메이지유신이 문명개화와 부국강병을 추구하는 과정에서 관료가 주도하는 '위로부터의 혁명'이 될 수밖에 없었던 까닭은 메이지 신정부의 국가 목표가 서구 열강으로부터 대외 독립을 달성하는 것이었기 때문이다.

메이지유신은 19세기에 서구 사회가 아닌 곳에서 유일하게 성공한 근대화 혁명이자 개혁이었다. 메이지유신은 몇 가지 조건 때문에 성공할 수 있었다. 먼저 도쿠가와 막번 체제의 존재이다. 도쿠가와 막번 체제는 극복할 대상이었지만, 메이지 국가의 성립 조건이기도 했다. 도쿠가와 일본은 막번 체제와 신분제로, 통합과 견제를 갖춘 봉건영주들로 구성된 준 주권국가 체제였다. 그리고 상당한 수준의 학술과 과학기술을 가지고 있었으며, 무사들은 현실주의적 민감성과 기술관료(테크노크라트)로서의 능력을 갖추고 있었다. 이러한 조건은 메이지유신의 성격을 규정짓는 일차적 조건이었다. 막번 체제와 무사 사회의 경험은 주권국가 체제와 국민국가 패러다임을 받아들이는 데 순기능 역할을 했다. 도쿠가와 막번 체제가 없었다면 메이지유신도, 메이지유신의 다이내미즘도 없었을 것이다.

또한 일본을 둘러싼 외교 환경이 양호했다는 점도 들 수 있다. 서양 열강은 동남아와 중국에는 적극 진출했지만, 일본에 대해서는 통상에만 관심을 가졌다. 개국 조약들은 통상 수호가 목적이었다. 양이운동이 한창이던 1863년 영국과 프랑스는 소규모 군대를 요코하마에 주둔시키고 사쓰마·조슈 번과 전투를 벌였지만, 이는 어디까지나 조약을 유지하고 양이 정책의 전환을 촉구하기 위해서였다. 영국과 프랑스는 패배한 사쓰마와 조슈 번에 배상이나 영토 할양도 요구하지 않았다. 프랑스도 이권을 얻기보다는 막부의 군사력 증강에 관여했을 뿐

이다. 열강은 보신전쟁, 세이난전쟁 등의 내란에 관여해서 세력 경쟁을 벌이는 일도 없었다.[44]

또한 메이지유신 지도자들의 지도력과 책임 의식, 개혁 의지, 그리고 무엇보다 개혁 구상과 현실주의적 실천을 겸비한 정치 감각을 들 수 있다. 메이지유신 지도자들은 무사 출신으로 위협에 대한 민감성과 자주독립을 이루려는 의지뿐 아니라 서양 세계와 근대 문명에 대한 지식과 국제정치적 감각을 지녔다. '사장취단'의 무사적 생존 의식은 문명개화와 부국강병을 모색하는 개혁 의지와 결단성으로 나타났다.

국민국가를 만들 때 전통과 근대를 절충하고 조화롭게 한 사상적 기반도 주목할 만하다. 전통사상과 근대사상은 사상의 내용과 학문의 지위에서 상당한 차이가 있는데도 양자가 대결하지 않고 오히려 전통사상이 근대사상과 국가주의를 보강해주는 양상이 전개되었다. '전근대'와 '근대'의 연속성을 허용하는 지식 풍토는 여러 갈등 요소를 안고 있었던 메이지유신의 개혁을 가능하게 만든 문화 기반이었다. 이는 다양한 학문이 공존하고, 원리주의보다는 실용주의적이었던 도쿠가 학술의 지적 유산일 수도 있다. 이러한 점에서 메이지 개혁 과정은 '메이지 혁명'이 아니라 '메이지유신'이었다.

유신의 빛과 그림자

메이지유신은 서구 사회가 아닌 곳에서 근대화에 성공한

최초의 '혁명적 개혁'이었다. 개혁의 범위는 광범위했고, 갈등과 대립을 수반했지만 비교적 안정적이고 치밀하게 전개되었다. 메이지유신으로 일본은 부국강병을 이루었고, 청일전쟁과 러일전쟁의 승리를 통해 제국으로 성장할 수 있었다. 그리하여 메이지유신은 오랫동안 부국강병과 근대화에 성공한 사례로 예찬되고, 근대화의 본보기가 되었다. 근대 중국의 캉유웨이·량치차오·옌푸나 근대 한국의 김옥균·박영효 등 개혁 지식인들도 개혁과 발전 본보기를 메이지유신에서 찾았다. 청국의 무술개혁이나 조선의 갑신정변과 갑오개혁은 메이지유신을 본보기로 삼았다. 또 박정희의 '조국 근대화'나 '10월유신'도 메이지유신의 영향을 받았다. 라이샤워(O. Reischauer), 잰슨(Marius Jansen) 등 서구 학자들도 서구 사회가 아닌 곳에서 성공한 근대화 본보기로 메이지유신을 주목했다.

메이지유신은 현대 일본의 국가 발전과 위상의 기초를 세웠고, 일본 역사에서 그 어느 것보다 큰 의미가 있다. 혁명적인 개혁을 한 결과 중앙 정권이 탄생했고, 신분제를 없앴으며, 교육 받을 기회를 크게 넓혔다. 메이지유신은 봉건제의 관행과 제도를 없애고 문명개화와 국가 발전을 이룩한 점에서 근대화와 근대주의의 빛이었다.

하지만 메이지유신의 빛은 그림자도 동반했다. 우선 메이지유신은 천황제 국가와 관료주의, 번벌 세력의 고착화를 통해 전제정치의 가능성을 열어놓았다. 부국강병책은 정치와 자본의 결탁을 허용했다. 특히 천황제 국가의 성립과 뒤이은 청일전쟁이 불러일으킨 '거국일치'의 내셔널리즘은 자유주의 사고를 크게 압도하면서 건강한 내셔널리즘의 여지를 없앴고 쇼비니즘적 성향을 강화했다. 천황 상징은 유신을 성공으로 이끈 조건이었지만, 동시에 일본의 국가 체제와 대외 정책을 규정하고 사회와 개인을 규율했다. 부국강병과 문명개화의 결과 자본주의가 발전했고, 이로 인해 도시로 이주하는 인구가 크게 늘면서 빈곤 노동자가 나타났다. 또 입신출세 현상이 나타나면서 가치관이 혼란해지는 등 급격한 사회 변동을 초래한 것도 그림자의 단면들이었다. 물론 이러한 현상이 메이지유신에만 한정된 문제는 아니며 근대화나 산업화 과정에서 나타나는 일반 현상일 수도 있다.

메이지유신의 그림자는 메이지유신의 성립 조건과 성격에서 예견되었다. 대외 위협에 대응하기 위해 일어난 메이지유신은 그 태생 조건 때문에 부국강병과 국가에 지나치게 집착하게 만들었고, 국가가 사회, 개인을 강하게 규율하는 정치체제를 창출했다. 또한 관료주의와 내셔널리즘은 메이지유신을 성공하게 만들었지만, 동시에 천황제 국가로 귀결되고 국가주의적 성향을 강화했다. '위로부터의 개혁과 혁명'은 '위로부터의 규율과 통제'를 수반했다. 그리고 유신이 탄생시킨 '대일본제국'은 이후 일본 정치와 외교의 성격과 행태를 규정했다.

지역의 관점에서 보면, 메이지유신은 국가 발전을 기반으로 한 일본의 근대주의적 자국중심의식을 조장하고, 팽창주의적 대외 정책을 추구하게 된 출발점이라고 할 수 있다. 조선의 위정척사론자들은 근대 일본의 침략성을 통렬히 비판했는데, 메이지유신의 근대 개혁이 일본을 '서양 오랑캐'로 변하게 만들었다고 보았다. 메이지유신에 대한 위정척사론자들의 관점은 제한된 관찰에서 나온 것이었지만, 일본의 근대적 서구화가 자국중심주의를 낳고 이것이 동아시아의 안정과 질서, 이른바 '동양 평화'를 해쳤다는 인식은 근대 일본 역사에서 메이지유신의 국제정치적 의미를 정확히 포착한 것이라 할 수 있다. 메이지 일본은 대외 위협의 강도와 수준을 스스로 확장시키면서 부국강병을 강화해나갔고 대외 침략의 영역을 넓혀갔다. 정한론·탈아론·흥아론은 그 과정에서 나타난 일본의 생존과 명분에 관한 내러티브였을 뿐, 아시아 국가들과의 공존과 공생 의식은 아주 약했다. 권력과 이익만 있고 이념이 존재하지 않는 근대 일본의 '무사상의 외교'(Akira Irye)는 메이지유신의 부국강병주의와 무관하지 않다.

메이지유신은 근대화와 산업화 개혁이 필요한 맥락에서는 여전히 의미 있는 본보기가 될 것이다. 메이지유신 지도자들의 개혁 구상과 개혁 정신, 그리고 지도력과 실천력은 "사물을 일신해나가는" '유신'이 요구하는 맥락에서는 아직도 평가받을 수 있을 것이다.

그러나 근대주의와 국민국가 신화를 극복하려는 움직임이 활발한 오늘날, 지역의 관점과 지구 사회의 관점을 투사해보면, 메이지유신의 의미는 새롭게 조명될 수 있고 현재적 의미도 달라질 수 있다. 국제사회의 공동 가치, 동아시아 국제사회,

혹은 시민의 삶을 생각할 때, 위협과 대응의 구도에서 탄생한 메이지유신은 현재 상황에는 들어맞지 않을 수도 있다. 여기서 메이지유신을 바라보는 시선을 발전과 근대성, 내셔널리즘에 대해서만이 아니라 메이지유신이 만들어낸 국가와 사회, 개인의 모습에까지 확장할 필요가 있다. 국가와 개인이 서로 작용하면서 어떠한 사회를 만들어갔는지를 보아야 할 것이다.

주

1) 나지타 데쓰오, 박영재 옮김, 『근대일본사: 정치항쟁과 지적 긴장』, 역민사, 1992, 20쪽.

2) 메이지유신의 시기 구분에 관해서는 김용덕의 『일본근대사를 보는 눈』(지식산업사, 1991) 61-67쪽을 볼 것.

3) 三谷博 山口輝臣, 『19世紀日本の歷史: 明治維新を考える』, 放送大學敎育振興會, 2000, 30-31쪽.

4) 荒野泰典, 『近世日本と東アジア』, 東京大學出版會, 1988.

5) 도쿠가와 국학에 관해서는 Peter Nosco, *Remembering Paradise: Nativism and Nostalgia in Eighteenth Century Japan*, Cambridge: Council on East Asian Studies, Harvard University, 1990.

6) 渡邊浩, 『近世日本政治思想』, 東京: 放送大學敎育振興會, 1985.

7) 三谷博 山口輝臣, 『19世紀日本の歷史』, 67-68쪽.

8) 三谷博 山口輝臣, 『19世紀日本の歷史』, 79-80쪽.

9) 이에 관해서는 藤田覺, 『天保の改革』, 東京: 吉川弘文館, 1989.

10) 장인성, 『장소의 국제정치사상』, 서울대학교출판부, 2002, 287-288쪽.

11) 會澤安, 「新論」, 今井宇三郎外 編, 『水戶學』, 東京: 岩波書店, 1973.

12) 장인성, 『장소의 국제정치사상』, 160쪽.

13) 高橋槇一, 『洋學思想史論』, 東京: 新日本出版社, 1972, 169-170쪽.

14) 佐藤昌介, 「洋學の思想的特質と封建批判論・海防論」, 沼田次郎他編, 『洋學(上)』, 東京: 岩波書店, 1976, 633-635쪽.

15) 장인성, 『장소의 국제정치사상』, 145쪽.

16) 源了圓, 「幕末・維新期における'豪傑'的人間象の形成」, 『日本文化硏究所硏究報告』19, 仙台: 東北大學, 1983.

17) 井上勳, 「ネーションの形成」, 橋川文三・松本三之介 編, 『近代日本政治思想史1』, 東京: 有斐閣, 1971.

18) 奈良本辰也 編, 『吉田松陰集』, 東京: 筑摩書房, 1969.

19) 井上勲, 「統一国家のヴィジョン」, 橋川文三・松本三之介 編, 『近代日本政治思想史1』, 123-125쪽.

20) 오카 요시타케, 장인성 옮김, 『근대일본정치사』, 소화, 1996, 17쪽.

21) 坂野潤治, 『日本政治史: 明治・大正・戦前昭和』, 東京: 放送大學教育振興會, 1993.

22) 오카 요시타케, 『근대일본정치사』, 20-21쪽.

23) 坂野潤治, 『日本政治史』, 18-22쪽.

24) 坂野潤治, 『日本政治史』, 30쪽.

25) 이와쿠라 사절단의 활동에 관해서는 『메이지유신과 서양문명: 이와쿠라 사절단은 무엇을 보았는가』(다나카 아키라, 현명철 옮김, 소화, 2006)를 볼 것.

26) 坂野潤治, 『日本政治史』, 37-56쪽.

27) 오카 요시타케, 『근대일본정치사』, 40-46쪽.

28) 丸山眞男, 『戦中と戦後の間』, 東京: みすず書房, 1976, 203-204쪽.

29) 장인성, 「유신의 아이덴티티와 문명: 메이지유신의 분석틀」, 『한국정치학회보』, 제33집 제2호, 한국정치학회, 1999.

30) 장인성, 『근대한국의 국제 관념에 나타난 도덕과 권력』, 서울대학교출판부, 2006.

31) 福澤諭吉, 『文明論之概略』, 東京: 岩波書店, 1962, 239쪽.

32) 松本三之介, 『明治思想史』, 東京: 新曜社, 1996, 45-46쪽.

33) 실학적 학문관은 니시 아마네의 경우가 보여주듯이, 스기타 겐파쿠나 오규 소라이, 양학자들의 실학적 사유에 영향을 받은 것이기도 했다.

34) 松本三之介, 『明治思想史』, 45-61쪽.

35) 松本三之介, 『明治思想史』, 62-71쪽.

36) 번역 사상서는 다음과 같다. 中村正直 『自由之理』(J.S.밀, 『자유론』, 1872), 永峰秀樹 『代議政体』(밀, 『대의정부론』, 1875), 何礼之 『万法精理』(몽테스키외, 『법의 정신』, 1875), 服部徳 『民約論』(루소, 『사회계약론』, 1877), 尾崎行雄 『権

理提綱』(스펜서 『사회정학』 초역, 1877), 中江兆民 『民約訳解』(『사회계약론』 역해, 1882), 松島剛 『社会平権論』(스펜서, 『사회정학』, 1881).

37) 나지타 데쓰오, 『근대일본사』, 20-25쪽.

38) 德富蘇峰, 『吉田松陰』, 東京: 岩波書店, 1981.

39) 田中彰, 『明治維新觀の研究』, 128쪽.

40) 田中彰, 『明治維新觀の研究』, 11-14쪽.

41) 나지타 데쓰오, 『근대일본사』, 8-9쪽.

42) 三谷博, 『明治維新を考える』, 12쪽.

43) 井上勲, 「ネーションの形成」, 75-77쪽.

44) 三谷博 山口輝臣, 『19世紀日本の歴史』, 88쪽.

큰글자 살림지식총서 097

메이지 유신 현대 일본의 출발점

펴낸날	초판 1쇄 2014년 3월 14일
	초판 2쇄 2015년 12월 31일

지은이	장인성
펴낸이	심만수
펴낸곳	(주)살림출판사
출판등록	1989년 11월 1일 제9-210호

주소	경기도 파주시 광인사길 30
전화	031-955-1350 팩스 031-624-1356
홈페이지	http://www.sallimbooks.com
이메일	book@sallimbooks.com

ISBN	978-89-522-2853-6 04080

이 도서의 국립중앙도서관 출판시도서목록(CIP)은 서지정보유통지원시스템 홈페이지
(http://seoji.nl.go.kr)와 국가자료공동목록시스템(http://www.nl.go.kr/kolisnet)에서
이용하실 수 있습니다.(CIP제어번호: CIP2014007585)

※ 이 책은 큰 글자가 읽기 편한 독자들을 위해
    글자 크기 15포인트, 4×6배판으로 제작되었습니다.